自警——莫向光阴惰寸功

梁立中　编著

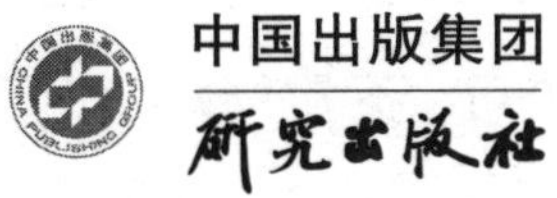

图书在版编目（CIP）数据

自警：莫向光阴惰寸功 / 梁立中编著 . — 北京：研究出版社，2010.4

ISBN 978-7-80168-559-9

Ⅰ . ①自… Ⅱ . ①梁… Ⅲ . ①时间 – 管理 – 青少年读物 Ⅳ . ① C935-49

中国版本图书馆 CIP 数据核字（2010）第 047631 号

责任编辑：张璐　吕慧

自警——莫向光阴惰寸功

作　　者：梁立中　编著
出版发行：研究出版社
地　　址：北京市朝阳区安定门外安华里 504 号 A 座（100011）
电　　话：010-64217619 64217612（发行中心）
网　　址：www.yanjiuchubanshe.com
经　　销：新华书店
印　　刷：三河市同力彩印有限公司
版　　次：2010 年 4 月第 1 版　2020 年 1 月第 2 次印刷
开　　本：787mm × 1092mm　1/16
印　　张：16.25
字　　数：250 千字
书　　号：ISBN 978-7-80168-559-9
定　　价：30.00 元

前 序

时间就是生命，珍惜时间等于爱护生命

燕子去了，有再来的时候；花儿谢了，有再开的时候；树木枯了，有再青的时候；可是时间呢？犹如滚滚长江东逝水，奔流到海不复回。可见，时间是何等重要，所以青少年更要懂得珍惜时间，因为生命的精彩在于每一分钟的拼搏。

青少年正处于风华正茂的时期，更应该发愤图强、努力学习，不要庸庸碌碌，一生无所作为。有人说：“人生能有几回搏，此时不搏待何时？”有人说：“今朝有酒今朝醉，哪管明日是和非？”因此，青少年要珍惜时间，不要虚度光阴。要知道“光阴似箭、日月如梭”，做好时间的主人，千万不要让时间白白流逝。只有这样，时间才真正属于自己。

时间是人生最大的财富，时间可以创造出无可比拟的价值，但时间又稍纵即逝，像流水一样不会回头……

居里夫人曾经说过：“我只惋惜一件事，日子太短，过得太快。一个人从来看不出做了什么，只能看出来该做什么。”由此可见，如果给居里夫人的时间再多一点，也许她会创造出世上更灿烂的辉煌，书写人生更为壮丽的篇章，为人类创造出更多的财富。

时间就是生命，珍惜时间就是爱护自己的生命。要知道时间是组成生命的原料，生命是以时间为单位来计算的，放弃时间的人，就等于放弃了他自己有限的生命。

在第二次世界大战期间，就发生了一件时间与生命有关的事情。在美国与德国交战时，为了实现远大的目标，美国军方要派100名战士到德国的后方去学习德语，时限是40天，这100名战士没得选择，学会与否都必须去，这就是军令。假如说学不会，德国人就会发现他们是

"美国鬼子"，这样的话，岂不是"羊入狼口"，白白送死？就这样在艰苦的条件下，这100名战士在40天之内全部学会了德语。

时间催促沧桑的巨变，时间扬起未来的风帆，时间是生命的黄金海岸，时间是获取成功的基石，时间是人类的生命航船。因此，广大青少年请珍惜时间吧，用一分钟，读几行字，用半小时，解决一道难题；用一个小时读《自警——莫向光阴惰寸功》一书，你会即刻学会一种秘诀。马上学习，马上应用，效果绝对立竿见影，每个细节中节省下来的时间都是你生命的延续。行动起来吧！

青少年朋友们应知道，时间——永远都不够用！只要学会有效地管理时间，书籍——必须精简务实！《自警——莫向光阴惰寸功》一书并不是一堆时间管理的理论，而是一篇务实的可行方法。看过之后，你会发现，这是一本你梦寐以求、真正值得好看好用的书！

编　者

前言 Preface

世界上有一种东西，它最长又最短；最慢又最快；最平凡而又最宝贵。它是什么？它就是时间。古往今来，有多少文人圣贤为它讴歌，为它称赞！

居里夫人曾说：“要相信你到这个世界上来是有目的的，是为了造就自己，是为了帮助别人，是扮演一个别人替代不了的角色，因为每个人在这场盛大的人生戏剧中都扮演着自己的角色。如果你不扮演这个角色，这出戏就有缺陷了。只有当你意识到自己注定要在世上完成一件事、扮演一个角色，必须自立时，你才会努力学习，让自己拥有更多的知识，你才能有所作为，生活也因此具有了崭新的意义。”

现实生活中，很多青少年朋友们有这样的感觉：“其他人也和自己没多大区别，但为什么别人收获得很多，而我几乎为零呢？”“就拿学习来说吧，别人花同样的时间去学习，就可以轻松快乐地收获知识，而自己从早到晚不停地看书下功夫也不见得提高，这是什么原因呢？”有人对其解释说：“那些人天生就聪明，生来就是学习的料！”其实不然，许多有经验者有这样的体会：之所以会有好的成绩，是因为他们可以把时间合理地利用起来，同时掌握了好的学习方法。因为时间对任何人都是公平的，它不需要花钱购买，但它又是不相同的，它只青睐于那些会合理利用时间的人。

席勒曾说：“时间的步伐有三种：未来姗姗来迟，现在像箭一般飞逝，过去永远静止不动。”

对于当代青少年而言，只有学会科学合理地利用时间，掌握正确的学习方法，才能取得最高的学习效率，才能发挥出你们潜在的最大能力。现代社会里，我们需要知道时间，知道时间对我们的重要性，并以此来指导自己应该做些什么。

时间任何时候都有，任何时候都可能没有！它是一种独特的资源，即使在“万能”的今天，再多的金钱、智慧都无法换来片刻的时间。也没有谁能生产它，更无法储存，一旦失去了，就再也不会复返。

青少年朋友们，不要再犹豫了，从现在开始，赶快行动起来吧！从此刻捧起这本书，它会以生动的语言、丰富多彩且活泼的事例，为你轻松解析如何把握时间，深刻认识到时间的重要性，从而使你更快、更稳、更便捷地走向成功的彼岸！

Contents 目录

鲁迅说过：浪费别人的时间等于谋财害命，浪费自己的时间等于慢性自杀。

有人把人生比作列车，与生活中列车不同的是，它没有返回的可能。时间也一样，如果把时间比做蜡烛，那么走过的时间就是燃掉的烛火，难以回头再燃一次，这是时间的特性。那么，你所能做的是什么呢？那就是珍惜时间，不要为过去的时间而耿耿于怀，要努力让之后的时间燃放得更有价值、更加明亮！

在这个纷繁的现代社会中，许多人都迫切希望找到生活重心所在，并希望尽可能提高自己的生活质量，而这一点对青少年来说更为重要，或者可以说对青少年们今后的人生之路起着举足重轻的作用。但要想获得成功，达到自己所希望的目标，就必须从现在开始。人一天拥有的时间是二十四个小时，但对于会合理利用时间的人来说，他们的时间远远不只二十四个小时，那么，如何合理利用时间才能使自己的时间更多呢？本章就将为你做全面的解析。

每个人的生命都是有限的，但时间是无价的，那么如何利用我们有限的时间才算合理呢？有限的时间不在于你能多做多少事情，而是看你做了多少真正有价值的事情！一件有价值的事可能使你今生再也不用奔波生活，百件没价值的事，可能你还是一无所获！

大凡每个人都想做有价值的事，可是究竟什么才是有价值的事？也就是说怎样去抓住生命的重点呢？如何把时间用在刀刃上？本章为你一一讲述。

我们每个人的时间都不是永恒的，如何把握好一生的时间决定着不同的命运。我们可以拥有整个人生，却无法支配时间的长短。人生短暂，没有多少时间可以由我们支配，但本着人生的意义，我们可以在有限的时间里做出更多有价值的事情。本章将告诉你怎样才能成功地支配你那短暂的时间。

在现实生活中，有些青少年时常这样抱怨道：“我也想好好学习，我也想把每一件事情做得更好，但我哪有那么多的时间与精力呀？”对此，你是持一种怎样的观点呢？事实上，没有谁生来就比别人差，别人能做到的，你也同样能够做到。你之所以没有时间，只是由于你的诸多行为将你的时间侵占了，譬如：做事拖拖拉拉、没有明确的目标、不注意细节等等。也就是说，不是你没有足够的时间与精力，而是坏习惯吞噬了你的时间。

中国有句名言：“一寸光阴一寸金，寸金难买寸光阴。”它告诉我们：时间在人类生命中是很宝贵的。青少年犹如早晨八九点钟的太阳，朝气蓬勃，青春期是学习的黄金时期，因此青少年要端正态度，给自己树立目标，努力学习更多的知识，从而使自己迈向更高的山峰。

著名的数学家华罗庚曾说过：“时间是由分秒积成的，时间是赋予懂得利用零星时间的人。”这就是说，时间的价值是通过我们的利用才能体现出来的。青少年应该懂得珍惜时间，学会科学利用时间，思考、自我管理、有计划地学习，只有这样，才能成为一个有着特殊气质的全新自我。

人的生命是有限的，时间是宝贵的。如何利用我们的时间才算合理呢？有限的时间不在于你能多做多少事情，而是看你做了多少真正有价值的事情！一件有价值的事可能使你今生再也不用奔波生活，百件没价值的事，可能你还是一无所获！

也许每个人都想做有价值的事，可是究竟什么是有价值的事？也就是说，怎样去抓住生命的重点呢？如何把时间用在刀刃上？

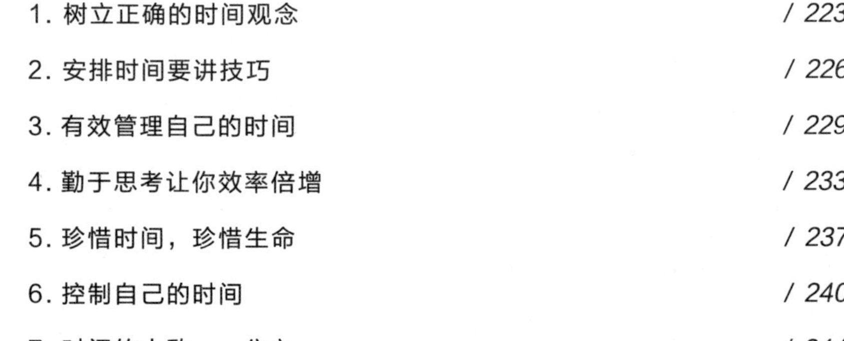

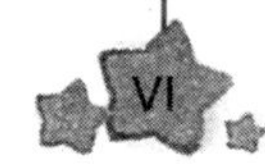

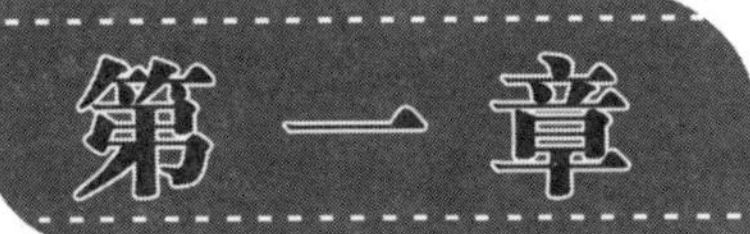

危言警示——浪费时间等于慢性自杀

鲁迅说过：浪费别人的时间等于谋财害命。浪费自己的时间等于慢性自杀。

有人把人生比作列车，与生活中列车不同的是，它没有返回的可能。时间也不一样，如果把时间比做蜡烛，那么走过的时间就是燃掉的烛火，难以回头在燃一次，这是时间的特性。那么，你所能做的是什么呢？那就是珍惜时间，不要为过去的时间而耿耿于怀，要努力让之后的时间燃放得更有价值、更加明亮！

1 赢得时间，赢得生命

都说时间刻画了生命。其实，并不是这样的。事实是生命度量了时间。在我们的日常生活中，习惯用时间来解释生命，比如某某活了多少年，殊不知是生命度过了时间。比如，有很多人在死后，依然“活着”，人的生命是无法与无限的时间抗衡的，时间是虚无的，生命才是实实在在的，毫不吝惜地将实在的生命抛入虚无中，无疑生命的实在被时间的虚无吞噬得无影无踪，也化为虚无。

§时间赋予生命亦舍弃生命

一个人的生命是有限的，所以才显珍贵，而一个人的时间是有限的，所以才令人珍惜。有限的时间构成了有限的生命。而时间之于每一个生命都是绝对公平与平等，这也就是说，每个生命的本质是平等的，没有等级的划分，不因生命所创造价值的不同而有所不同。

§时间与生命，是与人类相始终的永恒的命题

时间赋予生命以内容，同时也会舍弃生命。时间就好像是一架可怕的机器，它可以摧毁一切的辉煌、壮丽，让所有的一切尘归历史，然后烟消云散。于是，任何惊人与伟大，在时间面前竟显得如此渺小。然而，时间又可以创造一切，但它和造物主唯一不同的是，造物主给了我们智慧，给了我们选择权，而时间没有，它一去不复返。

杨光，某中学初三的班长，学习成绩优秀，多才多艺，一直是老师、同学眼里的宠儿。在家里，他是个好孩子；在学校，是个好学生；在同学中，是个好干部。他不仅各门功课都很优秀，而且会唱歌、练书法、吹长笛，样样精通。在他的青少年时期，他在黄金般的时光里充实了自己的人生。然而，不幸的是，有一天，他沉迷于网游，整日都泡在网吧里。在虚幻的网络游戏中，他学会了用暴力解决事情。就这样一天天过去了，在一次与校外人员争斗中，因流血过多而身亡。

这是一个令人痛心扼腕的例子。时间可以让一个人空虚与无聊。但却无法阻止一个充实的生命和高尚的灵魂诞生；时间可以让一个人的生命消失，但却无法抹除这个人在世界上所创造的价值。所以，善待自己，珍惜所拥有的一切吧。这样，你才能真正获得有意义的一生。

时间永远流逝，每天都在成为历史，而在已存的人生历史长河中，每个生命却都是短暂的。但是，在如此短暂的生命长河中，有的人是永不没的航船，能承载生命，引领未来；有的人能把握现在，做一朵美丽而激情的浪花，展现出生命的意义与风采。作为新时代的青少年，想要实现自己有限而短暂的精彩与价值，那就需要我们去珍惜宝贵的时间、珍爱有限的生命、坦诚地生活，尽己所能去创造和实现有意义的人生。

§珍惜时间就是在珍惜生命

当一个人呱呱坠地的那一时刻，生命的时钟便已敲响，以后的每一分每一秒都将记录着生命的历程。著名的科学家富兰克林说过：“你热爱生命吗？那么别浪费时间，因为时间是组成生命的材料。”任何知识都要在时间当中获得，任何工作都要在时间中进行，任何才智都要在时间当中显现，任何财富都要在时间中创造。珍惜时间就是在珍惜生命。

时间对于不同的人，意味着不同的结果。对商人，时间意味着金钱；对科学家，时间意味着知识与探索；对农民，时间意味着播种与丰收；对于我们青少年来说，时间意味着成功与希望。我们要做一个真正的勇者，努力地充实自己，从而催促着自己的生命不断向更高境界发展。

两次获得诺贝尔的居里夫人，从小就养成了珍惜时间的习惯。在她的青年时期，为了不让煮饭占去学习时间，她经常吃面包，喝冷开水。著名的数学家华罗庚，小时候在一家小店当伙计的时候，为了珍惜时间，就一边当学徒，一边抓紧时间自学数学，终于成为名闻中外的大数学家。还有大家熟知的张海迪姐姐，身残志坚，即使躺在病床上，还要坚持完成每天的学习任务，以顽强的毅力自学成才，获得哲学硕士学位，创作翻译了不少文学作品。时间让他们的生命闪耀着灿烂的光芒。

古今中外，像他们这样珍惜时间珍惜生命的名人还有很多。因为他们知道：当时间与生命紧密相连的时候，时间的价值是无法估量。珍惜生命的每一分每一秒，去学习，去创造，去攀登。让有限的生命创造出无限的价值。

任何生命都有其逝去的一天，这只是大自然的法则。一个人的生命从开始到停止，犹如茫茫宇宙的一颗转瞬即逝的流星，不管你是否去奋斗，不管你创造价值的大小，它都不会因此而改变。时间对于生命来说，只是充当了无情的刽子手，生命的本身在于同时间作斗争。有的人，面对人生，毫不松懈、奋力拼搏、逆流而上；有的人则被时间推着走，最后迷失方向，沉没于万千淤沙之中。高效率的人，视时间如生命，每一时刻都充满奋斗的精神，深刻理解时间意味什么；而低效者，总是在抱怨不公中度过那仅剩的有限日子，他们深信生命是有区别的，否认生命所构成的时间是不平等的。正所谓，欲源于对生命的苛求，对生命的苛求源于对时间的宽容。

小提示

上帝是公平的，他给了每个人同样宝贵的生命，同样宝贵的时间与机会。然而我们之间产生的，却是迥然相异的人生。正所谓“态度决定一切。”中国人民的伟大领袖毛泽东，以气吞山河的宏大气魄，为自己做出了这样的回答：“一万年太久，只争朝夕。”那么，作为祖国未来的青少年，就要从现在开始珍惜每分每秒。

2 认识时间的价值

约瑟夫·坎贝尔说：“你知道什么是沮丧吗？那就是当你花了一生的时间爬梯子并最终达到顶端的时候，却发现梯子架的地方并不是你想上的那堵墙。”也许，你看完会觉得它只是一段笑话，但你重新仔细品味的时候，你会发现这段话告诉了我们人生最大的失败，那就是对自己人生的管理上。而人生就是时间，不知道自己到底想要什么，不知道最重要的是什么，就会把人生中的大好时光都浪费掉。因此，青少年朋友们应该充分地认识到时间的价值。

§时间应放在最有价值的位置上

在我们幼小的时候，常常会感觉到“时间停下来就不走了！”每一个暑假或某一个假期总是过得那么慢。你会发现“小学的一天就像现在的一星期那么漫长；高三的生活，就像蜗牛爬树一样慢腾腾的，使人觉得好像永远也到不了毕业的那一天。”但有时，你会觉得无论你怎么挤时间也总是不够用，它总是不停地走着，走着；因为时间，当它从存在的那一瞬流逝之后，也就永远离开了你的人生。

对于一个时间观念很强的人，会善于运用时间，这样的人在人生的道路上一定会成功。因为他们知道时间对自己的意义，绝不会在不能给自己带来好处的人和事上浪费一分一秒。他们时时都知道什么才是最重要的，什么才是自己应该去做的。

查理斯·舒瓦普是伯利恒钢铁公司的总裁，他在会见麦肯锡的效率专家艾维·利时说：“我懂得如何管理公司，但事实上却并没有想象的那么好，我想我需要的不是更多的知识，而是更多的行动。”他还说：“具体应该做些什么，我们自己很清楚。如果你能告诉我怎样才能更好地执行那些计划，我听你的，在合理范围内价钱由你来决定。”

艾维·利听完在张白纸上写了一会儿，写完之后他随即递给他说：“我按事情的重要性把六件事给你排了顺序，现在把它放进口袋。明天早晨上班后你首先做第一件事，不要看其他的，只看第一项。直到办完了第一件事，然后用同样的方法做第二件、第三件……直到下班为止。就算你只做完第一件事也不要紧，因为你做的总是最重要的事。”艾维·利还说：“如果你每天都这样做，当你认为它确实很好时，你让你公司的其他人也照这样做。你可以做一个月或者两个月或者更久，然后你认为值多少钱给我多少就好了。”

查理斯·舒瓦普与艾维·利的整个见面时间前后只用了半个小时。几个星期之后事，艾维·利就收到了一张2.5万美元的支票，还有一封信。舒瓦普在信中表示，从钱的观点来看，那是他一生中最有价值的一课。五年之后，这家当时很少有人知道的小钢铁厂已成为世界上最大的独立钢铁厂。之所以会有这样的成就，其中艾维·利提出的方法功不可没，并且这个方法还为舒瓦普赚得了一亿美元。

从这个故事中我们可以看到，伯利恒钢铁公司总裁查理斯·舒瓦普

的确是一个伟大的企业家，但即使是这样优秀的企业家在没有找到优先次序和时间价值的规律前，他的钢铁厂一样不尽如人意。生活中，我们有许多人都知道时间是很重要的，然而却把时间放在错误的位置上，结果事倍功半。有人认为，在这个世界上最有价值的无非是金钱，也有人认为亲情、朋友才是最有价值的，但很少有人把时间放在最有价值的位置。

§ 用时间来衡量人生的财富

生活中有许多有钱人，但他们事实上却很“穷”，这里所说的“穷”并不仅仅是站在金钱的角度。之所以穷是因为他们总是把钱放在第一位，总是把钱紧紧地抓着不放，以为钱是他们生存的唯一追求，但往往越这样就越“穷”。钱本身其实并没有太大的价值，它只是一种维持人类生存的交易媒介，真正的富人从来不用金钱来衡量价值，而是用时间来衡量价值。

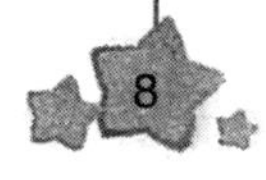

在拥挤的候诊室中，一位老人突然站起身来走向值班的护士。彬彬有礼地说：“小姐，我预约的时间是三点钟，可现在已经是四点钟了，我不能再等下去了，请给我重新预约明天的下午三点钟！”一边的两个年轻女士低声说：“像他这种年纪的人，还能有什么重要的事呀？”但老人的耳朵好像还很好使，他转向她们说：“我今年已经87岁了，正因为我到了这把年纪，才不能浪费一分一秒的时间！”老人接着说：“你们还年轻，对时间的感悟还不够深刻，但一旦到了我这把年纪你们就会明白时间是多么重要了。”老人说完，径直向候诊室的出口走去。两位女士似懂非懂地看着老人离去的背影，也许她们已经明白了老人的用意，也许她们还是不懂！

为什么走过了、经历了或快要结束甚至已经结束时你才会明白它的重要性？正如故事中的老人，他最终明白了时间的价值，时间对人生意味着什么，所以才珍惜一分一秒。这个故事也告诉了我们：时间与生命是息息相关的，善于利用时间的人分秒必争，惜时如金，也只有这样他们才会让自己有限的生命过得更加充实，更有价值。

青少年朋友们，不要等到来不及时才认识到时间的价值，人生因为价值观的不同决定我们做出何种选择、做出何种行为，如果你不重视时间，你就会像只无头苍蝇一样乱冲乱撞，而这也是对时间的最大浪费。对于青少年来说，时间的三大杀手一般为：拖延、犹豫不决、目标不明确，归其原因就是没有正确地认识到时间的价值观。如果你已经认识到时间的价值，认识到人生中什么是最重要的，什么价值是需要努力与付出的，那么，相信你已经离成功不远了。相反，如果你做事总是拖拖拉拉、总是迟迟做不了决定等，那只能说明你没有充分认识到时间的重要性，那你与成功也必将背道而驰。

所有的成功者都是能够正确把握自己时间的人，他们都能认识到自己的时间对自己的价值，如果你还没有认识到时间的价值，那么就算你掌握再多的时间管理技巧也都是白费，这也就像你已经走错了路，就算拼命地跑也没用，反而还会离目标越来越远。

3 时间是个特性的东西

哲人伏尔泰问：“世界上，什么东西是最长而又最短的；最快的而又是最慢的；最能分割的又是最广大的；最不受重视的而又是最受惋惜的？没有它，什么事情都做不成；它使一切渺小的东西归于消灭，使一

切伟大的东西生命不绝。”伟大的智者查帝格回答了他的问题：世界上最长的东西，莫过于时间，因为它永无穷尽；最短的东西也是时间，它在人们所有的计划没竣工的时候就不见了。时间就是这样一个奇怪的东西，让人捉不住摸不着。因此，时间又是一个特快的东西。

§时间失不再来，无法蓄积

钱花完了，还可以再挣；东西丢了，还可以再买。唯独时间，稍纵即逝，一去不复返不管你高兴还是忧伤。时间既是公平又是无情的，不管你是否在合理运用，它都不会停止，永远也不会停止。

当我们在等待时间的时候，时间会很快；当我们在尽情游玩的时候，时间会很慢。这个奇怪的东西，可以扩展到无穷大，也可以分割到无穷小。也许当时谁都不加重视，过后谁都表示惋惜。殊不知，没有时间，什么事情都做不成，然而时间又无法蓄积。

伟大的所罗门王有一天晚上做了一个梦。他梦到一位先圣告诉了他一句话，这是一句非常重要的话，它涵盖了人类的所有智慧，让他高兴的时候，不会忘乎所以；忧伤的时候，也能够自拔，始终保持勤勉，兢兢业业。然而，遗憾的是，所罗门王在醒来后却怎么也想不起那句话是怎么说的了。于是，他召来了最有智慧的几位老臣，把梦境详细地向他们说了个明白，要他们合力把那句话给想出来，并且拿出一颗大钻戒，说：“如果能把那句话想出来的话，我就把它镌刻在戒面上，并把这颗戒指天天戴在手上。”讨论了半天，一直没有得到正确的答案。这时，一个大臣说了一句话，让所罗门王直说“对！对！就是它。”这句就是：“这也会过去。”

的确如此，时间是让人忘记一切的灵丹妙药。可是，这个妙药没有保质期。诗人莎士比亚说过：“时间无声的脚步，是不会因为我们有许多事情要处理而稍停片刻的。”两千多年前，孔夫子也曾望“河”兴叹：“逝者如斯夫，不舍昼夜。”时间在你洗手的时候，从水盆里过去；在你吃饭的时候，从饭碗里过去。时间是无法蓄积的，当你伸出双手去遮拦时，它会从你的指缝中过去，即使你为此而叹息，它也会在你的叹息里闪过。

§ 时间供给无弹性，更无法取代

时间还是一个无弹性、无法取代的东西。在规定了时间的情况下，让你完成某项任务，这时你会感觉到时间似乎比平时快了好几倍；而当你被要求在一定的时间内保持某个身姿不动的时候，这时你会觉得时间过得非常地慢，到后来就根本没信心，真是度日如年啊！是的，时间就是这样的。不是说你让它快它就快，让它慢它就慢，有时甚至觉得它在和你唱反调，你要它快，它偏要慢；你要它慢，它偏要快！

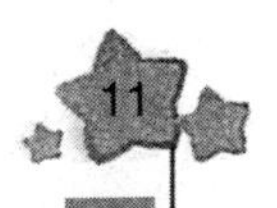

在非洲，有一个名叫时间的富人。他拥有无数的各种家禽和牲畜外，无边无际的田地，上面种了所有世界上能种的粮食作物，他家的谷仓里装满了粮食，家里还有一箱又一箱的珠宝。时间还是一个乐善好施的人，他把牛、羊、衣服送给穷人，这更是使他成为一个家喻户晓、扬名世界的名人了，甚至有人在传说，没有看见过时间富人的人就等于没有生活过。

为了好好地管理自己的国家，让人们也都能过上好日子，其他各国不断地派遣使者来，就为了看一看这位时间富人是怎么生活的，样子是怎样的，回国后好对百姓说。

有一年，有个部落准备派出使者去向富人问好，随同的还有舞蹈家、歌手、演员。临行前，这个部落的人对前去观摩、学习的使者说：“你们到时间富人的国家去，要想法见到他，看看他是否像传说中的那么富有，那么慷慨。”这些使者行走了好多天，好不容易到达了时间

富人所居住的国家。在进城的时候，遇到了一个瘦瘦的、衣衫褴褛的老头正在城门口坐着休息。于是，使者们上前问："听说这里有一个叫时间的富人，请问他住在哪儿？"老人忧郁地回答："你走进城里面，人们就会告诉你的。"说完跟在使者们的后面进了城。

使者们向市民们问了好，说："我们来看时间的，他的声名也传到了我们部落，我们很想看看这位神奇的人，准备回去后告诉同胞。"这时，有人说："时间就在你们的身后啊，他就是你们要找的时间富人！"使者们顺着他的方向看过去，只见是刚才遇到的那个又瘦又老、衣衫褴褛的老乞丐，一时惊呆了，他们不敢相信自己的眼睛。老人看出了他们的疑惑，说："是的，我就是时间，过去我是最富的人，我现在变成了最穷的人了。"使者点点头说："是啊，生活常常这样，但我们怎么对同胞说呢？"老头想了想，答道："你们可以这样说：'记住，时间已不是过去那个样子！'"

§可见，时间是无法取代的，得到时间，你也就是得到一切

不管快和慢，时间过去了就不会回来了。时间只是一种代号，但其意义非常重大！作为青少年，一定要好好地珍惜时间！虽然对过去的时间无可奈何，但无奈也没什么用，把现在的、未来的时间好好把握住，努力地充实自己，从而让自己的每刻时间都印上生命的足迹，这才是最有意义的事情。

在没有生命的宇宙角落里，时间是毫无意义的，或者说时间是停滞的。对于一块在房前小路旁的石头来说，今天还在重复昨天的故事，而昨天相对百年前的某天，与它又何异？但是，对人，它却有着不同的重

要意义，因为昨天的你，和此刻经过它身边的你就不再是同一个你了。因此，时间永远是无法取而代之的。

4 让有价值的时间伴你学习

人生有限，必须十分珍惜时间。克雷默说："当心你的时间是怎么样花掉的，因为你的整个未来都要生活在时间里面。"人生是由我们在世上拥有的有限时间构成的。作为肩负未来的青年人，应该把时间精力都投入到学习之中，因为时间对我们来说，一秒钟就是一个概念，一分钟就是一页书，一刻钟就是一道题，一小时就是一张考卷。所以，不要让时间从点击鼠标轻敲键盘的手指间溜走，不要让时间从放纵的谈笑打闹中溜走，不要让时间从发呆的眼前，瞌睡的后背上溜走……

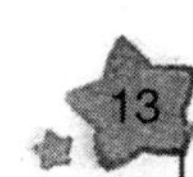

§让自己的生活充实起来

时间对每个人来说都是宝贵的。青少年正值青春年少时，应珍惜眼前的大好时光，把握有限的时间来努力学习，以名人惜时惜秒为榜样，努力学好文化科学知识，为祖国为人民做出自己应有的贡献。请记住：一寸光阴一寸金，寸金难买寸光阴。机不可失，时不我待！同学们，珍惜时间吧！

自古以来，凡是取得一定成就的人，都是懂得珍惜时间的人。

我们都知道，伟大的发明家爱迪生，一生有一千多种发明，正是他抓住分分秒秒进行研究实验的结果。爱迪生几十年如一日，每天工作十

几个小时，其中单是寻找什么材料来做灯丝，就做了一千多次实验，有时甚至在实验室里一连工作几十个小时。正是他这种争分夺秒的工作精神，使他创造出了这么多的价值。

还有伟大的文学家鲁迅先生，也是珍惜时间的典范。在鲁迅的一生中，写下了数百篇优秀文章，他靠的是什么呢？难道是天生的人才吗？不！鲁迅先生自己给我们做出了最有力、最响亮的回答：“哪里有天才，我是把别人喝咖啡的时间都用在工作上。”

伟大的数学家陈景润，为了攻克数学难题——哥德巴赫猜想，他夜以继日，废寝忘食，仅仅是演算的草稿纸就有几麻袋。在他的不懈努力下，终于证明了这道古今中外都未证明了的难题，摘下了数学王冠上的明珠。

人生易老，人生苦短。正如庄子所说：“人生天地间，若白驹过隙，忽然而已。”诗仙李白感叹：“恨不得挂长绳于青天，系此西飞之白日。”一个人要想有所成就，有所贡献，就必须珍惜时间，努力学习，努力工作。

我们身边的人，有人在拼搏，也有人在消磨；有人在开拓，也有人在蹉跎；有人分秒必争，更有些人在虚度年华。时间是最公平的，它会给勤奋者留下智慧和力量，给懒惰者留下空虚和懊悔。

有句话说得好：“少壮不努力，老大徒伤悲。”其实，就是在警告人们：从青少年起，就应该要多学一些知识，多做几番事业，不要等到人老岁大时，才因为自己虚度光阴、浅见无知而伤感悔恨。

§ 计算你的生命和时间价值

时间就是金钱，但是时间却比金钱更宝贵。金钱虽然宝贵，却可以储存起来，而时间却无处可存，无处可取；金钱花掉了，可以再赚回来，而时间浪费了，却像流水一样一去不回；金钱的浪费可以用几十、几百、几千来计算，而时间的浪费却无影无形，无法估价！

浪费别人的时间等于谋财害命，浪费自己的时间等于慢性自杀。以现代的医疗条件，以 80 ~ 90 岁为计算标准，再折算为天的话，人一生也就 3 万余天。而在 3 万余天中，除去你已用去的和其他需要的时间，你还剩下多少天呢？真正用在学习上的时间其实是少之又少的。

柯维曾在大学课堂上做过一个“震撼人心”的实验，即要求学生假定只剩一学期的生命，该如何好好把握这最后的学习机会。这个实验为许多学生的人生上了重要的一课，通过这番省思，学生们有了不少新的感受和发现。他们把时间缩短为一周，从这个角度来检讨自己，并用写日记来记下心得。结果，有人开始给父母写信，表达对父母的爱；有人则与感情不睦的手足和好，实在发人深省。其实青少年，你自己不妨也做一下上述实验，在心底演述一下，看看你会如何想，如何做。你做哪些重要的事情？如何安排时间完成最多的工作？这些都能帮助你把你最应该做的事情做好。

时间一去不复返，我们要珍惜时间，要和时间赛跑。

时间，它一步步、一程程，从不停歇，永无返回。这如同人的生命历程，从婴孩幼儿到青春少年直至壮年老年，绝无再回日。台湾著名的散文家林清玄先生，在他的一篇著名的散文《和时间赛跑》中，通过奶奶的去世、爸爸的谜语等把时间和人的生命紧紧地联系在了一起，给人一种非常强烈的感受——我们有限的生命正在随时间而逝去。而林清玄先生在他有限的一生里，和时间赛跑，他快跑几步，受益不浅，取得成功，增加了生命的厚度。

人生短暂，生命每一秒都在消失。我们要做的，是在短暂的生命里寻找永恒。这一永恒，便是知识。珍惜每一分，每一秒，积聚起来便可以有无穷的作用！青少年正处于朝气蓬勃、风华正茂的时期，有的是青春，有的是理想，有的是奋斗和拼搏的勇气，那么拿出你们的全部力量，思索人生，创造未来，开拓进取！

小提示

一个人应该在有生之年，特别是从青少年起，珍惜属于自己的时间，让生活过得充实有意义，对社会做出应有的贡献。人生苦短，匆匆几十年一晃而过，是要碌碌无为，还是顶天立地，全在一念之间。对于青少年来说，唯有把握时间，努力学习，才会在短暂的生命中找到永恒！

5 时间就是速度，速度决定成功

时间就是生命，时间就是速度，时间就是力量。有时候，速度就决定了成功。所以，作为祖国未来的青少年，要把速度的概念根植心中，提高速度，提高成功的概率。虽然时间的“量”是不会变的，但“质”却不同，关键时刻在于一秒值千金。

§时间就是速度，时间就是胜利

举世闻名的德裔美国科学家、现代物理学的开创者和奠基人阿尔伯特·爱因斯坦，在对速度的认识方面给了我们重要的启示：E = MC，这也就是伟大的爱因斯坦著名的质能公式：能量等于质量乘以速度的平方。虽然是物理学的公式，但它同样说明了成功学中关于“时间”的一个重要原理。这也就是说人与人在质量、能力（智商）上的差别是很小的，即“M”基本是个“常数”。因此，人发出的能量（成功），就取决于其速度（C）。

时间就是胜利，赢得时间也就赢得了成功。

在一家非常大型的公司里，急需一位营销部经理。老板决定从两位平时表现都非常优秀的员工中选拔。然而通过一番详细的调查和了解后，发现两个人水平旗鼓相当，难分高低，老板一时感觉为难，举棋不定。一天老板正在为这事犯愁，这时一个想法突然闪过他的脑海。他叫秘书和他同时打电话给两名员工，要他们到他的办公室来，放下电话，他开始计时。结果发现，两名员工从同一个办公室走到他的办公室里，一个用了70秒；另一位则用了100秒钟。于是，老板立刻决定，让前者担任营销部经理。第一位同事是幸运的，仅仅因为30秒的时间，就赢了。其实，生活就是这样，有时在通往成功的道路上，只是你比别人快了30秒，而这30秒恰恰就能决定一切！

如今的社会，竞争无处不在。其实，竞争的实质，就是在最短的时间内做最好的东西。人人都想要成功，成功其实也很简单。正如人生最大的成功，就是在最短的时间内达成最多的目标。盛田昭夫说："如果你每天落后别人半步，一年后就是一百八十三步，十年后即是十万八千里。"质量是"常量"，经过努力人人都可以做好以至于难分伯仲；但是时间不同，时间永远是"变量"：一流的质量可以有很多，而最快的冠军只有一个——任何领先，都是时间的领先！我们慢，不是因为我们不快，而是因为对手更快。

在竞赛中，以快取胜；在搏击中，以快打慢；在军中，以先下手为强。赢得了速度，也就赢得了商机。如今，商战也已从"大鱼吃小鱼"的模式变为了"快鱼吃慢鱼"的形式。跆拳道要求心快、眼快、手快，两人对决比的就是一个"快"字；中华武学一言以蔽之，百法有百解，唯快无解！大而慢等于弱，小而快可变强，大而快王中王！快就是机会，快就是效率，快就是瞬间的"大"，无数的瞬间构成长

久的“强”。

§ 关键时刻，速度决定成功

在辽阔的非洲大草原上，每天当曙光刚刚划破夜空、太阳刚要升起的时候，就是非洲大草原上的动物们开始奔跑的时候了。其中一只羚羊从睡梦中猛然惊醒。“赶快跑！必须跑得快点，再快点。”它想到，“如果慢了，就可能被狮子吃掉！”于是，起身就跑，向着太阳飞奔而去。就在羚羊醒来的同时，一只狮子也惊醒了。“赶快跑！必须跑得快点，再快点。”它想到，“如果慢了，就可能会被饿死！”于是，起身就跑，也向着太阳飞奔而去。谁快谁就赢，谁快谁生存。

一个是自然界兽中之王，一个是食草的羚羊，等级差异，实力悬殊，但生存却面临同一个问题——如果羚羊快，狮子就饿死；如果狮子快，羚羊就被吃掉。

在我国，成长速度最快的蒙牛公司，就是因为把狮子与羚羊速度的故事根植于每一个蒙牛员工的灵魂深处。特别是面对充满机遇与挑战的今天，人与人之间的竞争，不仅仅是实力的竞争，更是行动速度、效率的竞争。无论你是狮子，还是羚羊，这其实并不重要，因为狮子不一定会赢，羚羊也不一定会输。重要的是：知道自己如何去赢，即如何利用速度来提升自己的利益。所以，重要的不是你是狮子还是羚羊，而是每天太阳出来的时候，你最好努力地、以最快的速度向前跑。同样，作为一名学生，无论你是一般生还是优等生，你都必须努力“向前跑”，否则就会退后，就会像速度慢的羚羊一样被吃掉。

贝尔在研制电话时，另一个叫格雷的也在研究。1876 年 2 月 4 日这一天，贝尔的电话研究取得了成功，并为之申请了专利，内容就是可以传送声音的机器，名称是“音频电报”。然而，在贝尔申请专利 2 小时以后，又有一位著名的科学家书到的专利司，也打算为自己的研制成果——电话，申请专利，这位著名的科学家就是格雷。可是，他却失败了，只因为他比贝尔晚了两个小时而已。

两个科学家同时取得突破，但结局却是有人赢了，有的人却输了，差别只有两个小时。当然，贝尔和格雷在当时是不知道对方的，但贝尔就因为120分钟而一举成名，誉满天下，同时也获得了巨大的财富。谁快谁赢得机会，谁快谁赢得财富。无论相差只是0.1毫米还是0.1秒钟——毫厘之差，天渊之别！

关键时刻，一秒决胜负。在竞技场上，冠军与亚军的区别，有时小到是我们的肉眼无法判断的地步，比如，短跑，第一名与第二名有时相差仅0.01秒；再如赛马，第一匹马与第二匹马相差仅半个马鼻子（几厘米）……但是，虽是这小到不能再小的差别，冠军与亚军所获得的荣誉与财富却相差天地之远，全世界人们的目光永远只会聚焦在第一名的身上。只有冠军才是真正的成功者，除了第一名之外，后面的全都是输家。

青少年处在学习科学文化知识的关键时期，努力学习知识为自己的将来做好充分的准备。人人都渴望成功，然而，在同样的老师教育下，在同样的环境下学习，学习是否突出，关键在于自己的效率是否够快。

6 懂得节省时间才会利用时间

一个懂得节省时间的人，才会好好地利用时间。生活中，有很多人都在有意或无意地浪费时间，通常表现在，一是对生命没有紧迫感，对时间不够重视，没能养成遇事马上做，日清日新的好习惯，总把今天的事情推到明天，以致“明日复明日，明日何其多；我生待明日，万事成蹉跎。世人苦被明日累，春去秋来老将至”。到头来，只能让懒惰、拖沓，虚度美好年华，闲白了少年头；二是不懂得科学利用和管理时间的方法和技巧，低效率进行重复的劳动和学习，最终成效浅薄，直至“累死”。

§ 时间要花在该花的地方上

在人的一生中，时间的节约是最大的节约。特别是青少年，如果不懂得利用时间、节约时间，待他想勤奋学习时，却又为无时间学习而烦恼了。

在大多数情况下，时间不是整个钟头浪费的，而是在我们不知不觉中，一分钟一分钟浪费的。只有我们把这一分一秒的时间都利用起来，就是一笔强大的资源。比如，如果你知道你将会有等待的时间，那么就选择做好准备去填充那些等待的时间。

张强是某中学初二的学生，由于平时喜欢读小说，语文成绩一直都很好。可是，他的其他课程并不理想，有时候甚至还挂红灯。在平时，他把所有的时间都用在读武侠小说上，不是读金庸就是读古龙。上课看，下课看，晚上看，一天几乎所有的时间都在看。很快地，他的各门功课相差悬殊。读小说固然是好，但不可沉溺其中，可以把阅读的范围扩大，读一些中外名著、报纸等对学习有益的书籍，应把时间花在该花的地方上。

青少年朋友们，时间就是生命，应具体地计划时间，提高效率。大家可以从下面几个方面做起：

第一，花时间来分析你的起始点。

一个没有起始点的人，就像一个无从规划自己航程的掌舵人，即使拥有了地图和指南针，仍然会无可奈何地迷失方向。所以，只有当你明确知道自己现在所处的位置时，地图和指南针才能发挥作用。分析自己的起始点，就是要你分出时间，对自己做一个正确的认识和评价，对自己有了一个全面的了解，才能根据自己的现实进行目标的确立和人生的规划。

第二，花时间制定明确目标。

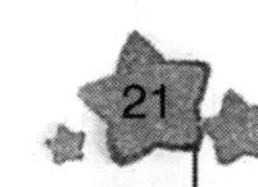

目标，是一个人前进的方向，是梦想的终点。目标能最大限度地聚集你的资源，特别是时间。因此，只有目标明确，才能最大限度地节约时间。爱默生说："用于事业上的时间，绝不是损失。"人生的道路，存在着时间与价值的对应关系。有目标，一分一秒就是成功的记录；没有目标，一分一秒都是生命的流逝。

第三，花时间把自己的目标写下来，并问自己为什么在实现这个目标。

书写目标不是在浪费时间。当你在进行目标的书写时，你的思维活动会在记忆中产生一种不可磨灭的印象，它告诉你的潜意识：这是真的。只有把你的目标明确地记录了下来，你也就会更加明确地知道了实现这个目标的理由或好处。另外，这样做还有助于发现、认识目标的必要性和重要性，从而增加实现目标的紧迫感，获得深刻的驱动力。

第四，花时间想法使自己的注意力集中。

一个人，如果注意力不集中，他将无法真正进入学习的状态。这是因为即使你挤出时间来学习，如果注意力不集中，学习效率不高，学到的东西进入脑子中也不会牢固，而且又浪费了大量的宝贵时间；没有学到知识的话，那更是时间的一种浪费。

古往今来，很多成功人士哪个不是注意力集中的？牛顿由于在思考问题，把怀表当成鸡蛋放到油锅里煮；陈景润忙于演算，把演算结果写到结账簿里去了，居然不知道哪天是过年，哪天是过节。正是由于他们的注意力集中，这些名人才做出了在有些人的心目中谓之“傻”的事情来？而一个人即使能千方百计挤出时间来学习，注意力不集中，也得不出好成果。一个人只有使自己的注意力集中了，才能做出成绩。

第五，花时间寻找出问题或障碍的最佳解决办法。

有时，问题的解决办法不只是有一种，能想到的办法不一定就是最好、最有效的。所以，花些时间进行思考，寻找出解决问题的最佳途径，使问题得之顺利解决。

§ 投资时间就是在节省时间

对于一个会利用时间的人来说，时间是永远都用不完的。因为他懂得投资时间，懂得花一点时间把事情的轻重缓急弄明白，懂得投资时间就是在节省时间，利用时间。青少年朋友们，有时候大家需要花点时间来反省自己，进行学习和生活的总结。

有一个年轻的伐木工人，在第一天因为斧头锐利，而且身强力壮、精神奕奕，一下子就砍了10棵树；第二天，他一样地努力工作，但只砍了7棵树；第三天，他想努力赶上前两天的活，但只砍了6棵树；又过了一天，数目减少为5棵树。到了第五天，他只能砍倒3棵树，而且在黄昏之前就觉得筋疲力尽。他很不解，就问一边干活的老人。老人问他："你为什么不停下磨一磨你的斧头呢？"他回答道："我没时间，而且一停下来就又会耽误很多时间。"殊不知，花那一点时间，是为了节省更多的时间，提高效率，做更多的事情。

正如俗话所说：磨刀不误砍柴工。磨斧头虽然开始牺牲的是时间，但是为了节省更多的时间。广大的青少年一定要记住，这个世界上根本不存在"没时间"这回事。"时间就像海绵里的水，是挤出来的。"只有懂得节约，你才能有时间。古往今来的有成就的名人学士，哪位没有想方设法节约时间来学习？只有节约时间，你才能更好地学习；只有节约时间，你学习又好，身体又壮。节省时间，乃是成功学士的秘诀之一。

现在有很多人认为，反省自己简直是在浪费时间。其实并不是这样的。反省是种学习能力，反省的过程就是学习的过程。通过自我反省，努力寻求解决问题的方法，从中悟到失败的教训和不完美的根源，全力做出纠正，就可以避免日后再犯此类错误，反而能节省下解决问题的大量时间。另外，勇于面对自己，正视自己，反省自己的一言一行，对自己进行严肃认真的自我解剖，严格地自我批评，能及时地改正自己的过错，把过失和错误消灭于萌芽状态，节省处理更大麻烦的时间；反省亦可以去除杂念，对事物有清晰、准确的判断，理性地认识自己，并提醒自己改正过失。不反省不会知道自己的缺点和过失，不悔悟就无从改进自己的学习或者是工作。

总之，不论国家或个人，想要让自己的时间更多些，就要学会反省自己的思想和行为。成功学专家罗宾说：我们不妨在每天结束学习时，好好问自己下面的这些问题：今天我到底学到些什么？我有什么样的改进？我是否对所做的一切感到满意？如果你每天都能改进自己的学习效率，必然能够如愿实现自己的人生理想。

不要因为“太忙”而没时间完成自己的工作为自己找理由，找借口了。在这个世界上还有很多人，并没有比你拥有更多的时间，甚至有的比你更忙，但是，他们却能完成更多的工作。其实关键就在于，他们懂得更好地利用自己的时间，懂得“花时间来节省时间”这个大道理。

7 谁偷走了你的时间

相信不少人，甚至于青少年都有这样的经历：一天到晚似乎总是忙忙碌碌，感觉时间总是不够用，但是到了晚上一清点，却往往发现有很多计划好的事情都没有完成，忙碌的一天似乎没有什么效果。时间是最具有伸缩性的东西——它可以一瞬即逝，也可以发挥最大的效力。对于正处于青春期的青少年们来说，时间就是潜在的资本。

§ 莫让自己成为偷走时间的小偷

其实，一个好的工作者要很好地完成工作就必须善于利用自己的工作时间、学习时间。没有时间，计划再好，目标再高，能力再强，也是空的。时间对于我们任何一个人来说，都是非常宝贵的。上天是公平的，它给每个人每天的时间都是相同的，不多一秒也不少一秒钟。那么，对于时间老是觉得不够的你，你的那些时间到底花到哪里去了？又是谁偷走了你的时间呢?

在人们的日常生活中，有很多的时间窃贼每天都在窥视着你的宝贵时间，并不时下手偷走它。尤其是一些青少年，整天在无忧无虑的生活中消尽自己的生命。

亮亮放学回到家，就像一阵风似地冲进书房坐在了电脑面前上网冲浪。他全神贯注地盯着电脑，眼睛一眨也不眨，两只手在键盘上“哒、哒、哒”敲个不停，并且嘴里一会儿叫“哇，这盘赢了！”一会儿又叫“唉，唉！真倒霉，这盘输了！”……在他全身心投入，玩得全神贯注的时候，妈妈的声音传来了：“宝贝，别玩了，你该做作业了哟？”亮亮此时兴头正起，哪里听得进妈妈说的话，他只当耳边风吹了过去。时间很快过去了，妈妈又叫了起来：“亮亮，六点半了，该吃饭了！”肚子正叫个不停的亮亮听到妈妈喊吃饭了，只得放下电脑，先去吃饭。亮亮看了看菜，没什么好吃的，于是，他把汤倒进饭里，拌一拌，就狼吞虎咽地吃了起来，很快就倒进了肚子里。亮亮又回到了电脑前继续玩，就这么一直玩，妈妈在忍无可忍的情况下，把电源插销给拔了，而这时已经是晚上九点钟了。直到这时，亮亮才想起还有许多作业没有做，一直恶补到晚上十一二点钟，刚过十一点，他硬撑着，可写着写着头就倒下了，再也抬不起来……

第二天，要交作业了，亮亮低着个头，脸通红通红的。

这是一个因上网玩游戏浪费时间的典型例子。生活中，像这样的例子还有很多。因此，青少年朋友们一定要注意下面的行为。

不要总拖拉不决。

拖拉不决基本上是一种“不愿意去面对”的逃避方式。计划如果只是停留在计划就永远不能成为现实，重要的是要着手去做。一旦起步了就会发现其实坚持下去并不太困难。而犹豫、挣扎、不愿意只会造成时间的浪费，而财富等一切也就跟随着流逝的时间从你的身边悄悄地离开了！

不要乱放东西。

平时养成将经常需要用到的工具或材料放在手边很方便就够得到的地方，而不要去寻找。比如，小张老是乱放东西，因此，他急需某样东西时，常常找不到。一会儿翻到这里，一会儿翻到那里，浪费了不少时间。

不要让自己时常情绪不佳。

不佳的情绪会让你花更多的时间去抱怨问题，而不是积极地寻找解决的方法，严重影响学习的效率。所以，青少年们要学会调节自己的情绪，让自己能一直保持愉快的心情。

不要总有一些消极思维。

“近朱则赤，近墨则黑”，如果周围有很多思考问题消极的人，一来往往需要你花费大量的时间去听他们的抱怨，而不能专心工作；二来，他们的这种消极的思维方式会传达给你，从而影响到你。

不要看一些无聊的电视。

电视要有选择地看。长篇大论的电视剧对我们的人生很少有帮助，而且那简直是在浪费时间。但电视作为一个传递信息的重要媒介，我们不能完全拒绝，所以，要适当地看一些对自己身心发展有益的电视节目。

§ 哪些行为偷走了你的时间

生活中，有很多行为和做法都在悄无声息地偷走身边的时间。青少年朋友们，在管理自己时间的时候，一定莫让一些行为盗贼偷走你的时间。

窃贼一：突发事件

每天总会遇到不少突发事件，但并不是所有的突发事件都需要马上去进行处理，根据需要去判断是应该马上处理这件事还是将它放到工作计划中以后再处理。

窃贼二：缺乏授权

要善于利用别人的时间与能力，不需要任何事都亲力亲为。

窃贼三：不及时归类

人们往往等事情集中成一堆了才会开始处理，但这样会浪费时间，在反复的处理和分类上，最好在遇到新事情的时候就进行及时的分类或处理

窃贼四：最后期限

临近最后期限的时候，由于时间的压力及紧迫感，往往工作匆忙，可能会需要反复地去回头修改，浪费了时间，通过对事件的良好管理，能够尽量避免在最后期限到来的时候才匆匆忙忙地赶工的情形。

窃贼五：缺乏计划

缺乏学习计划会让你每天“随机”地处理遇到的事，而可能忘记最需要在当天解决的问题，根据实际情况制订合理的工作计划，对事情的进展将会有很大的帮助。

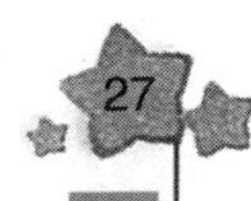

窃贼六：无谓会议

有时作为班级的干部，需要时不时给同学们开会传达老师，或者是学校的意见。然而，没有效果的会议往往是最大的浪费时间的窃贼。所以，在开会之前考虑一下这个会议是否必须开，是否所有参加会议的人员都是有必要参加的，这是作为一个班干部必须注意的一点。

窃贼七：缺乏关系网

很多同学由于受家庭环境的影响，在学校里面总是形单影只，独来独往，即使是学习上，或者是生活上遇到了困难和问题，也只能自己独自解决，浪费很多不必要的时间。而良好的关系网络能够帮助你解决不少问题，节约很多时间。所以，青少年们平时就要注意建立自己广泛的关系网络。

一个小偷将你家的财物偷走，而这个小偷也被你抓住了，你会如何处置他呢？相信你肯定是非常气愤，不会轻饶他。试想一下，小偷只是偷走了你现在的财物，你就这么气愤，而时间的小偷呢？他偷走的将是你未来所有的财富。如果你现在已经知道是哪几个偷时间的小偷，你会如何去对待他呢？

成功与失败都是在时间河流的涤荡中才见分晓，掐住时间脉搏的人是时间的主人，也是社会的主人，是成功的拥有者。如果在日常的生活当中你学会合理安排自己的时间，那么，成功对于你来说就轻而易举了。

8 抓住时间的“小偷”

亚尔诺德·白力特曾经这样感慨：“啊，每一天的时间，真是上帝赐予的奇迹！当你清晨睁开眼睛，像变魔术一般，你的生命里就拥有了还没使用的二十四小时！它是你的，是你的最宝贵的财产。”但是，我们是否能够充分地使用这二十四小时了呢？答案是否定的。很多的青少年仗着自己年轻，有本钱，而任意地挥霍着自己的时间，殊不知很多小小的影响力已经慢慢地开始发挥，在这世界上的任何一个人都是平等的，没有花不完的本钱，当本钱花的差不多时，你的整个人生也已经造成了无可弥补的影响！

§ 不经意间，时间已悄悄地溜走

青少年朋友们，不要总埋怨你的时间不够用，不要再唠叨上帝对你不公平，时间都是在你们不经意间悄无声息地溜走了。其实，在生活中，我们每个人身边都有一些偷走时间的“小偷”，如犹豫不决、漫无目的等，它们时时准备着偷走我们宝贵的时间，这些让我们防不胜防，措手不及。

小芳今年10岁了，上五年级，每次放学回答都有一大堆的作业要做。今天一回来，小芳就回到了自己的房间开始做作业。正在做数学作业的时候，小芳的脑海开始天马行空了：

“呀，这题怎么那么难？还是奥数题呢！小学的题目就这么难了，我以后可怎么过啊？让我想想怎么写呢？……啊！实在想不出来，真不想写了！妈妈在客厅看什么电视呢？一定又在看韩剧吧？韩剧又长又无聊，真想不明白妈妈怎么那么爱看呢？……哦，今天晚饭的炸鸡腿真好吃，明天一定还叫妈妈做，可是她一定会说我脸上的痘痘又长多了几颗，不能再吃油炸食品了，我得想个办法……”

突然，一道声音传来，打断了小芳的思路：“芳芳，你的作业写完了没有？已经九点半了。”哦，原来是妈妈在喊她，而这时，小芳还有好多题没写呢。这次做作业，小芳从19：00写到了22：00，在这三个小时中，其中有将近一半的时间在“开小差”。

其实，这是在青少年中常见的一种现象，很多的青少年也知道这样很不好，但却不知道该怎么做才能改掉这个坏毛病？因此，专家建议，在学习上常“开小差”的同学，可以请妈妈帮忙，监督自己做作业。在写作业的时候，要不断提醒自己：“不要开小差，要认真！要认真！”养成专心的习惯。

§不要给偷走时间的“小偷”有机可乘

如何能够提高自己时间使用上的效率去完成自己的目标？每个人在他的一生中都曾经对自己说过：“假如再给我一点时间，我一定能够做得更好。”我们永远也得不到更多的时间，但是我们仍然拥有——我们早就拥有了已经存在的二十四小时。然而，往往总有一些青少年让偷走时间的“小偷”有机可乘。

例子一：小明的妈妈给他报了一个英语补习班，每个星期天的早上8：00上课。今天早上起床时，小明稍微晚了那么一点，7：55的时候才出门。小明妈妈推出自行车准备上班，并顺便送小明去英语补习班。经过公司门口，小明妈妈对他说：“儿子，八点了，你先在这里等下妈妈，妈妈去刷下卡再送你去学英语。”可谁知，妈妈这一上去就去了很久。

8：01时，妈妈没有来。

8：02：30时，妈妈还没有回来。

8：02：55时，终于看到了妈妈的身影。“我们快走吧，已经迟到了。”

例子二：放学了，初三（1）班的同学各个收拾自己的东西，开始准备回家，或者去补习班上课。小英、小华两个人手拉着手冲出教室，准备去学英语。刚到校门口，小华突然大叫了一声：“我忘拿写字本了！”于是，便像闪电一般冲回教室。

一分钟过去了，小华没有回来；

两分钟过去了，小华还没有回来；

三分钟过去了，小英一边焦急地跺脚一边抱怨着：“小华怎么还没回来，找个写字本用得着这么久吗？”

四分钟后，“我回来了！”呼，小华总算回来了。小英头顶冒火地冲她说：“浪费别人的时间等于谋财害命！”

有时，给小偷创造机会，偷走我们时间的人不一定是我们自己。比如，我们的爸爸妈妈、我的朋友或同学等。浪费了他人的时间，就等于谋财害命。专家建议青少年们，凡事要早做准备，起床要早一点，快点去上学，来早了，可以做一些课前预习。而作为学生，我们还可以多默写一些单词，多学一点，还不迟到，岂不是两全其美。

为了帮助青少年抓住偷时间的“小偷”，让他们能更有效地利用时间，青少年们还可以从以下几个方面着手：

1. 试着专心致志地投入到学习中去。当你需要专心致志地学习时，要避免不必要的中断，比如突然而来的电话或门铃声。这时，你要学会暂时不去理睬，只要有一点经验就可以做到。很快，你的朋友也知道了在固定时间才打电话过来，同时她们也会因为你讲求办事效率而更加佩服你。

2. 真实记录每天使用的时间，至少持续一个星期，并从中检查自己的时间浪费在哪些地方。

3. 每个星期都要制订出具体的时间计划，也制订每天的学习与生活计划。这个方法适合于大公司的总经理，同样对于处于学习为主要任务期的青少年有很大的好处。每天将每一件事情的时间安排合理，就不致神经紧张、头脑混乱。虽说在执行的过程中，有时候也许会出现意外的事情，需要你及时地更改计划，但是，如果坚持按工作计划表行事，你会发现，随着时间的增加，从中得到的收获越来越多。

4. 制定出省时省力的方法。比如每天帮爸爸妈妈去杂货店买东西的时候，可以问一下有没有什么其他所需的东西，这样可以一次买完，而不需要去许多趟，从而可以省下很多时间去做更多其他有意义的事情。

5. 把你每天“浪费掉的时间”好好地利用起来。马上开始一个计划，去做一些你从没时间做的且有价值的事情，最重要的是，只能用你

的休闲时间来完成这些事。

6. 聪明地进行购物，减少逛街的时间。这是一种需要学习的技巧，一旦你学会这种技巧，就能将时间和金钱运用得恰到好处，从中得到更多的收获。

时间就是生命，浪费时间也就是浪费了自己的生命。时间就像流水，一去便不再复返。所以，青少年们要好好珍惜时间，不要让某个“小偷”悄悄偷走你的时间了！

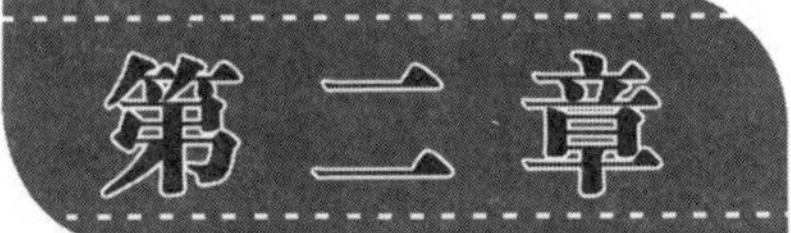

说到做到——莫让时间从你身边溜走

在这个纷繁的现代社会中，许多人都迫切希望找到生活重心所在，并希望尽可能提高自己的生活质量，而这一点对青少年来说更为重要，或者可以说对青少年们今后的人生之路起着举足重轻的作用。但要想获得成功，达到自己所希望的目标，就必须从现在开始。人一天拥有的时间是二十四个小时，但对于会合理利用时间的人来说，他们的时间远远不只二十四个小时，那么，如何合理利用时间才能使自己的时间更多呢？本章就将为你做全面的解析。

1 日清日毕，绝不拖延

古人日：今日事，今日毕。可是，在我们的日常生活中，有的人做事总是拖拖拉拉，今日的事情总是拖到明天去做，甚至拖到后天。有些人就因今天遇到了一些挫折，就闷闷不乐的，把所有的事情都拖延都明天去做。他们不知道，只有经受住了严峻的考验，只有好好把握今天，并且对自己充满信心，才能走向成功。

§ 珍惜今天，就从现在做起

现在，越来越多的青少年，都有一个共同“惰性”的坏习惯，习惯总把今天的事情拖到明天去做，甚至后天，或者干脆忘记。一直这样下去，最后的结果只能是荒废时间，一无所得。殊不知今日有今日事，明日又有明日事，又怎能事事都拖至明日。所以，最好的解决办法就是今日事今日毕。请相信你们自己，珍惜今天，才会获得许许多多意想不到的收获……

李大钊先生说：你能够把握的就是今天。昨天已成了历史，明天的日子尚不确定。只有今日，才是属于我们自己的。昨日的不足，今日尚可弥补；明日的目标，今日也可谋划。一句“姑云此日足可惜，吾辈更应惜秒阴”，更进一步告诫大家：赶快行动起来，分秒必争更重要。

张海迪五岁时就患有脊髓病，无论做什么事情都只能在轮椅上进行。可是，她仍坚持每天自己安排学习任务。有一次，她做了手术，

手术后的她只能一动不动地躺在床上。可是，当她想到自己今天的任务还没完成时，就想了一个办法，从镜子里面看书，可书里面的字在镜子里就是倒立的，这样看很慢而且很难。然而，坚强的张海迪姐姐仍然坚持刻苦学习知识，就这样，她自学了小学、中学的课本，后来又开始自学英语。由于她对自己要求严格，因此进步很快。渐渐地，她开始替有关部门翻译英语资料。有一次，她翻译了《海边诊所》。当张海迪捧着厚厚的翻译稿来到出版社时，老编辑被她深深地感动了。

正是由于知道今日事今日做，张海迪珍惜今天的分分秒秒，成就了她成功的人生。有句话说得好，“昨天是神话与传说，明天是文学与艺术，唯独今天是金子”，只有好好地抓住今天，才可以更好地去为明天奋斗。

在我们每个人的一生中，都有着无数次的毫无结果的等待。可是，等待之后留下的又是什么呢？在生命之中，最好的时态就是现在进行时，最好的时光就是现在，是正在进行之中正被我们拥有的今天。只有今天才是丰富而真实，鲜艳而美丽的，如果我们都能见缝插针地好好利用那些属于等待的时间，找点事情做做，肯定会有意想不到的收获，这也等于延长了生命。

§ 做好今天，成就明天

青少年朋友们，在人的一生中，能有多少个“今天”呢？也许，你们每个人都想今天完不成了，还有明天；这次考不好了，还有下次；这次比赛输了，还有下次……可是，你们想过吗？人的时间里有多少个“明天”，有多少个“下次”？为什么不努力做好今天的事情，不努力考好，不给自己留下遗憾呢？你们想过吗？只有做好了今天，才有勇气去成就明天，成就未来。

庞振坤和几个秀才进京赶考，路上，遇到一家饭店。饭店门外的牌子上写着“明天吃饭不要钱”。大家觉着很奇怪，又都跑累了，就一同住店歇息。

谁知第二天，店老板照样来要饭钱。庞振坤问：“牌子上不是写着‘明天吃饭不要钱’吗”？老板说：“是呀！写的是明天不要钱，今天怎么不要？”大家听了，才知道店老板玩的是骗人的把戏。

秀才们赶考回来，又路过这个饭店，大家说什么都不愿再来住了。庞振坤却说：“不妨再住上几天，饭钱我全包了。”大家相信庞振坤有主意，就都住下了。老板见来了这么多客人，便殷勤招待。

第二天，店老板来结账，庞振坤说：“急什么，我们还要住下去，明天再给吧！”过了一天又来结账，庞振坤还是那句话，老板也不敢逼着要。今天等明天，明天等后天，就这样，十多天过去了。

店老板终于沉不住气了。这天，他焦急地问庞振坤：“你总说明天给钱，何时才有个尽头呢？”庞振坤不紧不慢地说：“店家门口不是写着‘明天吃饭不要钱’吗？我们就等着这一天哩！”

只有今天，才是人生赐予你的一份礼物。东升的太阳预示着你们将会拥有一个新的开始，那是你的机会，你可以利用它弥补你过去的遗憾。同样地，面对过去的成功，就不应该再沉迷在那甜蜜的梦中，因为它会使你们变得骄傲自满。所以你更应当时时刻刻提醒自己，过去的成功并不代表一切，战胜未来的挑战才是你新的目标……

人的一生，是由许许多多的昨天、今天与明天构成的。正因为有了它们才让我们有了那美好的回忆，有了努力奋斗的动力，有了对未来的展望。这点点滴滴，就把我们的人生谱写成一页页七彩的篇章。然而，最重要却是要抓住今天，唯有抓住了今天，才有可能成就明天。

2 量力而行，让时间更有价值

量力而行，就是从实际出发，全面地认识自己，客观地评判自己，弄清力的位置，力大几何，按照自己真实的力量而为人处世，否则打肿脸充胖子，只能白白浪费时间，做一些无用功。

§ 做到量力而行，需有的放矢

量力而行的原则就是要求人们在做任何事情的时候，根据自身的实际情况而进行，既不好高骛远，又不轻视自己的实力，坦然面对自己，从而不仅使每一件事情都能做到比较理想的状态，还能不因做一些无用功而浪费丝毫点滴的时间。

量力而行的核心在“量”，关键在“实”，体现的是一种科学精神。“量”的过程，就是认识事物、分析问题、提出对策的过程。与此同时认识事物要全面客观，分析问题要实事求是，对策措施要有可操作性，只有这样的“量”，才能显“实”，也方能“准”，只有力量准了，才能制定规划，执行任务，从而做到有的放矢，不做任何无用功。

蚂蚁缘槐是一个典故。具体说的是吴楚游侠之士淳于芬，一日醉卧，被二紫衣人擒往大槐安国，招为驸马，任南柯郡太守二十年，显赫一时。醒来才知是一梦，饮客尚未去，斜阳仍在墙上。接着寻其梦中之国，方知为古槐树下的一个大蚁穴。所谓南柯郡，亦不过是槐树南枝上的一个小蚁穴而已。

这个典故通过梦境反映了蚂蚁缘槐安国的自不量力，成为世人的笑柄。如果我们做到量力而行，不做无用功，虽然不能保证实现自己的理想，但可保证的是，若我们不这样做，将一定不会实现自己的理想。

对青少年而言，既是学习的黄金时期，又是长身体的宝贵阶段。在中考高考时，总分决定着一个人是否能够跨越分数线甚至重点线，不论哪一个科目分数比较低，对考生而言都十分不利。与此同时，对于初中生而言，体育成绩是考分的一部分；对于高中生而言，身体状况直接影响着其报考专业乃至今后的人生发展。因此，在人才竞争日益激烈的现实生活中，无论在学习方面还是身体素质方面，每一个青少年都要做到：量力而行，不做无用功。

科学安排时间，让时间更有价值

正如拉赫所说的那样："如果你不是一只麝香鹿，那就当尾小鲈鱼一但是要当湖里最活泼的小鲈鱼"。否则，将会像赵括一样，既浪费时间，又做一些无用功，甚至以几十万的生命牺牲为代价。只有量力而行，才能更好地利用时间，更好地实现自我，发展自我；从而拥有机会领略"一览众山小"的心境。

赵括把用兵打仗视为儿戏，谈起兵法来，似乎眼空四海，目中无人，却不知道自己却是一个只会纸上谈兵的庸才。长平之战之时，秦军将领白起针对赵括没有实战经验，不顾实际环境，只会照搬兵法的弱点，而采取诱敌入伏、分割包围的方法将赵军引入绝境。结局不仅是赵括做了一些无用功，还酿成了一场惨状，四十万赵军，却在纸上谈兵的主帅赵括手中全军覆没了。

在长跑赛场上，我们时常看到这样的情景：有的人一路遥遥领先，最终还是遥遥领先；有的人最初一直保持在中游之列，最后却遥遥领先；有的人起先一直保持遥遥领先，最终却没有取上名次……面对种种情景，经验丰富的教练会告诉自己的运动员，如何根据自身独具一格的

特点和路程的长短而安排速度；如何才能节省时间而又达到预想的效果。尚未到达终点就已经累得筋疲力尽或到达终点仍有气力的安排均为不科学的。科学的安排是力量随着路程的不断结束而适当地进行耗竭，在即将到达终点的时候力量也恰好将近用完。正如赛跑一样，学习也要量力而行。

在现实生活中，青少年没有量力而行的表现主要有以下两种：

1没有充分挖掘、利用自己的潜能。有些同学智力条件极好，身体状况也不错，与此同时精力也比较充沛。但是，学习目标制定得比较低，学习不求掌握得十分牢固，只求过得去就行，一旦完成作业，就把大量的时间用在与学习毫不相干的事情上。从某种意义而言，这种同学实际上是对自己的一种不负责任的表现，是在浪费自己的精力。

2勉强自己之所难。或许是由于父母期望值的因素，一部分父母期望值过高，在无形中给孩子造成的压力过大。可怜天下父母心，每一个父母都是望子成龙、望女成凤，他们丝毫不考虑孩子的实际情况，不论孩子的先天条件如何，均希望自己的孩子长大以后能够当一名科学家、政治家、企业家等等，极少期望孩子能做普通人。

作为青少年，他们不愿辜负家长的殷切期望，于是试图通过以体力相拼、延长学习时间来提高学习成绩，结果整天使自己处手超负荷运转之中，严重缺乏睡眠，久而久之，造成疲劳积累。因而学习效率低下，睡眠质量不好，身体虚弱，神经衰弱，最终学习成绩并没有得到提高，浪费了大量时间，做的也是无用功。

在学习方面，量力而行的原则是满负荷地进行学习，既能充分发挥自己的学习潜能，又不致劳累过度，这就要求每一位青少年根据自己不同时期的身心状况而灵活地安排学习任务。

除此之外，在身体素质方面，量力而行原则要求每一个青少年根据自己的身体状况及其外界环境的状况，有选择地参加体育活动，并在不断的活动中，根据自身的反应，调整运动强度与运动量，有计划、有目的地进行体育锻炼。

学习犹如登山，经常是登到山顶回头展望时，才发现自己走了许多冤枉路，按照以上的原则进行学习，才能避免因做无用功而浪费时间。

3 前紧后松是提高效率的工具

懒惰是阻止前紧后松的最大敌人，在我们的周围时常听到这样的话语：哎，今天太不想动了，书明天再看吧；今天已经很累了，那个朋友改日再聚吧；现在没有丝毫的心情，功课明天再写吧……时间就是在这一个个所谓的借口中，从我们身边悄然而逝。于是我们不得不面对这样的结果：竹篮打水一场空，临时抱佛脚，成绩科科挂红灯，到最终脑袋空空，丢失了曾经最初的目标。

§ 前紧后松，提高效率

在现实社会中，诸多的人们并没有较好地运用前紧后松的道理，他们做事拖拉的恶习在无形中总使自己将事情一拖再拖，迟迟不肯动手。有些人虽然内心充满着巨大压力甚至感到无限忧虑，但就是难以付诸实践。有的拖到最后敷衍了事，有的干脆就不了了之……前松后紧的做法既不能为以后的事情打好基础，又严重地影响工作质量与身心健康。

一个人只有拥有前紧后松的做事态度，才能克服惰性。无论是学

习、工作还是生活，我们都要拥有明确的目标，然后通过制订合理的计划，一步步地实现它。前紧后松的计划是最能够形成效率的一种工具，它使我们为后面的事情奠定基础，习惯于管理自己，从而实现最终理想。

“田忌赛马”的故事家喻户晓，就上等马、中等马与下等马三个不同档次的马而言，田忌的马与国王的马根本不能相提并论，他的马远远不如国王的马，但田忌在连续三场比赛中，先用自己的下等马迎战国王的上等马，故在第一场较量中大败；在第二场比赛中，田忌用自己的好马迎战国王的中马；第三场比赛中，田忌用自己的中马迎战国王的差马，结果连赢两局，反败为胜。

由于田忌出奇制胜的谋划，三匹不好的马却赛过了三匹好马。“田忌赛马”的故事告诉我们：合理的规划是成功的重要因素。计划是实现目标的前提，如果没有适当的计划，目标仿佛就是水上漂浮的萍草，丝毫没有根基。倘若缺少合理的计划，结果不是“盲人摸象”，就是“眉毛胡子一把抓”，与此同时浪费不计其数的时间。

§ 制订计划，让学习更有效率

在制订计划的同时，应该遵循前紧后松，先难后易的原则。这样不仅能够为后面的事情打好基础，节省一部分时间，还能使所做的事情事半功倍。从某种程度而言，毕竟制订计划的时候是最有动力的时候，俗称之为三分钟热乎劲儿，换而言之也就是说人是没有长性的。其实这也并不是简单的责备，如果能够加以利用，同样可以获得意想之外的效果。既然刚开始的时候比较上心，不妨就利用这段最有动力的时间把不喜欢做的事情，难以完成的事情全部做了，一方面即使将来出现懈怠的情况，做起简单的事情也不会十分为难，另一方面如果一鼓作气，在心理方面也会给自己一些安慰：前面如此困难的事情都被攻克了，后面简单的事情也可以完完全全地坚持下来，从而得到最好的结果。

小丽是一名小学四年级的学生，在国庆一周的假期中，她有许许多多的事情需要去做：语文作业、数学作业，看电视，陪爸爸妈妈逛超市，与小伙伴一起玩耍……幼小贪玩的她在假期的前天晚上对妈妈说道：“妈妈，从明天开始，我先玩几天，然后再做老师布置的一些作业，好不好？”懵懂的她双眼目不转睛地注视着妈妈，仿佛渴望得到妈妈的点头示意。但令她感到失望的是，妈妈却对她说道：“丽丽，我们应该做到前紧后松，先完成老师布置的两门学科的作业，然后我们再考虑玩耍的问题，好吗？”“那不是都一样吗？作业先做后做，有什么区别呢？”小丽噘着嘴巴，并对妈妈央求道。“当然不--样啊，宝贝！”妈妈接着说：“如果你先完成作业，等你玩耍的时候不就没有心理负担了吗？前松后紧，这样既可以使你全力以赴地完成作业，又可以为你的玩耍打下基础，不是吗？”“嘿嘿，也算是吧……”丽丽似懂非懂地点了点头。

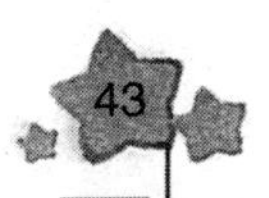

拥有哈佛大学企管学位，并且在IBM和AT&T这些大公司担任时间管理顾问的拉肯先生曾经在自己的一本畅销书中这样写道：“根本没有时间不够用这一回事，如果我们能够做到前紧后松，将会为自己节省诸多的时间……”

无独有偶，捷克教育家夸美纽斯说过：“一切存在美的东西其本性都是在娇弱的时候容易屈服，容易形成，但是长硬以后就不容易改变了。”对青少年而言，前紧后松的习惯也是如此，前紧后松并不是“一曝十寒”，并不是“三天打鱼两天晒网”，而是在自己精力充沛的时候尽心尽力先做比较重要的事情或难以完成的事情。譬如：对每一个学生而言，一节课一般均为45分钟，很多同学均是在刚开始上课时非常专注，聚精会神，但是在课上到一半的时候就不由自主地开始走神。据心理学家研究得知：青少年的注意力一般只能集中20 ~ 25分钟左右，如果超出这个时间，其注意力就会下降，注意力的可持续

时间与正常教学的45分钟相矛盾，因此，老师在授课时应该做到前紧后松。

与此同时，青少年在不断的学习中也要做到总体安排学习任务的可适度，做到前紧后松，留有余地，不仅能够为自己节省一部分学习时间，还能为持续不断的学习奠定良好的基础。

拥有极强“时间感”的人，不但在工作、生活、人际交往等方面技高一筹，高人一等，而且拥有明确的时间法，他们往往能够较好地判断时间，对时间的控制既比较准确又比较合宜，更为难能可贵的是：在不断利用时间的同时，他们能够做到前紧后松，使前面所做的事情能够为后面的事情打下一定的基础。

4 在计划的基础上适量变化

对于世界上的每个人而言，上苍都不是吝啬的，它公平地给予了每个人一天同样的二十四个小时。但是不计其数的人们还在抱怨：“每天早晨五点起床，晚上十点以后甚至凌晨才刚刚入睡，每天都是忙忙碌碌的，却又总感觉无所作为，经常为自己计算时间账，却总是算不清楚，于是便想为自己制定一份简单的时间利用表，却又总是计划赶不上变化，或自己根本不知道如何在计划的基础上适量地进行变化……”

§ 计划不如变化

尽管有时候我们把时间分割得十分详尽，十分具体，但突如其来的变化时常会扰乱原有的计划而使我们感到不知所措，在无形中便因决策的思考而浪费了一些原本不应浪费的时间。事实上，在不断前进的道路上，每一步都暗藏方向，而变化又时常隐藏在计划之中，我们只需在计划的基础上进行适量的变化，就有可能获得意想不到的结果。

王老师是某一重点中学的班主任，一次周末的班会课上，在班干部的提议下，她原本计划让全班同学观看《十里长街送总理》，以此缅怀可亲可敬的周恩来总理，培养学生高尚的情操和崇高的爱国主义情怀。但是十分不巧的是，那天晚上，学校由于某种原因而停电，一时半会儿供应不上，多媒体无法进行使用，笔记本电脑放映屏幕又十分有限，绝大部分同学将看不到渴望已久的英雄纪录片……

突如其来的意外——停电，不仅打破了王老师酝酿已久的计划，也打消了同学们热血高涨的情绪。经过一番思考之后，王老师决定在这黑暗之中，展开一次以"理想与未来"为主题的别开生面的班会，使同学们依次各抒己见，畅所欲言。

在开始的时候，有些同学胆战心惊，害怕在众人面前谈论自己的观点；有些同学不知所措，厘不清需要发言的话语……在王老师的不断鼓舞下，同学们终于战胜了畏惧的心理，纷纷讲述着自己的追求，并积极谈论如何为了美好的未来而不断地奋斗。

虽然此次的班会没有按王老师原本培养学生的意愿进行，但他在计划的基础上进行适当的变化，不仅没有浪费难得的班会时间，还从另一个方面对学生进行培养教育，使他们从小就能够拥有崇高的理想与奋斗目标，并始终不渝地为之而积极奋斗，与此同时，在

无形中塑造了他们大胆、积极、主动、敢于表现、善于展示自我的性格。

§ 学会变通

做事情之前计划好很重要，但计划往往跟不上变化，如果我们能适时地变通，就可以充分利用计划好的时间，做到不浪费一分一秒。

从某种意义而言，高考是一场关于知识与人生的较量。面对高考的即将来临，作为高三学生的小云整日忧心忡忡，愁眉苦脸，毕竟她还有诸多的学科诸多的知识没有复习到位。但时间在无情地飞逝，小云为自己制订了一个非常详细的学习计划，具体到每个小时需要复习什么知识，并暗自告诫自己在计划的时间段之内必须无条件完成。

有一天晚上，当她在演算一道数学题的时候，不论怎样冥思苦想，都找不到解题的思路，她自言自语道："怎么办呢？这道题自己以前明明见到过同种类型，但不知为什么，却做不出来，下面的几道题目均与此题的类型相似，如果做不出来的话，将完不成两小时之内的计划……"

正在她一筹莫展的时候，妈妈仿佛看出了她的苦衷，走过来对她说道："云云，这两个小时你可以先复习一些英语知识，换一种思维，或许两小时之后你就会有解题的思路了，虽然在学习中要有详尽的计划，但有时你若能在计划的基础上适量变化，将会豁然开朗……"

小云按照妈妈的意思在复习计划上做出了一些变化，果真收到了意想不到的结果。

对于高三的学生而言，分分秒秒的时光都值得他们格外珍惜，在现实生活中，如同小云的青少年还有许许多多，面对诸如此类的情况，我们可以做出一些适当的调整，譬如：当我们感到心情沉闷，学习心不在焉时，可以听一听音乐，做一些适当的运动；当我们学习理科感到比较劳累时，可以适当地学习一会儿文科知识……总而言之，当一些绊脚石在无形中阻碍计划的进行时，我们可以尝试着在计划的基础上做出适量的变化，这样既可以有效地节省时间，又能够得到一些意想不到的收获。

在实际中，计划往往赶不上变化，对于一些事情而言，虽然我们原本计划得比较周密，比较到位，但由于种种因素，又不得不做出适量的改变，在计划的基础上适量地进行变化，也是高效利用时间的方法之一。

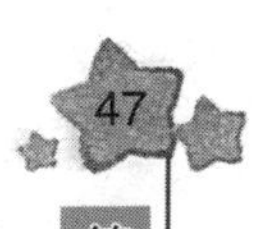

5 学会适时地说“不”

青春是人生当中最宝贵的时期，充满了阳光与活力，充满了灿烂与张扬。所以说，能够最大限度地提高时间的利用率，是不虚度光阴的法宝。在现实生活中，很多青少年看起来十分忙碌，每天都在做各种各样的事情，但是他的时间利用率并不高。这到底是为什么呢？原因是他们做了很多不必要的事情，并不能为他的人生做出贡献。因此，青少年应该适当地学会说“不”，不管是对别人还是对自己，这样才能让时间发挥其最大的效应。

§拒绝不合理的事

其实，这社会上的每一个人，每天几乎都会做一些毫无意义的事情，使原来可以做更有意义的事情的时间白白流掉，这是多么可惜呀！可是，关键的是很多人不会对这些事情说“不”，结果整日都在做无用功。如果大家都能够将这些时间合理有效地利用起来，相信每个人的成就都会比现在再提高一个层次。

小飞是一个在校大学生，今年已经是大四了，按照学校的规定，已经可以出去找实习单位了。和很多大学生一样，小飞也来回奔波于各大人才市场，也许是老天爷有意眷顾她吧，没过几天，小飞便比同班同学更快地找到了一份工作，这让她感到十分庆幸。可是没有想到，令她意料不到的事情还在后头。

上班的第一天，小飞便忙得焦头烂额。她本身就是一个热心肠，对于别人的请求总是毫无条件地答应，在学校时便是如此，因此她的人缘特别好。可是公司毕竟与学校不一样，同事们可没有同学们的纯粹，他们好像总是有意地将许多杂碎工作交给小飞，而这些原本并不在小飞的工作范围之内。小飞本是一个特别热心的人，再加上她觉得自己是个新员工，刚刚来到公司不好拒绝，于是也就欣然接受。结果一天下来，不是帮这个复印文件，就是帮那个打印文件，有时候还会被派去做一些体力活。

下班的时候，小飞突然发现，只顾着帮别人做工作，自己的工作还没有做完。她只好留下来加班，第二天还被主管批评做事速度不够迅速。这让她感到很委屈，她想为自己辩解，可是又不敢开口。她很迷茫，她知道如果以后自己还是这样，那么像第一天的事情还会不断地发生的，想到这儿，小飞甚至有了“一走了之”的念头。

其实像小飞这样的例子在生活中举不胜举，小飞只不过是许多青少年的一个缩影而已。他们有着一颗善良的心，帮帮这个帮帮那个，弄到最后自己的事情倒没做好，却也换不来别人的理解。他们这样做的后果就是时间的利用效率低下。因此，青少年必须要学会说“不”，不仅要拒绝别人的请求，也要拒绝自己的某些不合理想法，如想要去上网玩游戏，想要和朋友一起去泡吧，等等。

§ 说“不”有技巧

“不”这个字之所以不太好说出口，是因为一旦说出来可能会伤害到两个人之间的感情，可是总会有那么一些时候不得不说，因此青少年要学会说“不”，但要注意的是在拒绝别人的时候态度要委婉些。与人委婉地说话，既能表达自己拒绝的意思，也能够让对方更快地接受。如当一个人请你为他做一件事，而你的手头又有当天不得不完成的任务时，不妨这样对他说：“我很乐意能够帮你，不过我手头上也有十分紧急的任务，等我把任务完成再来帮你，怎么样？”

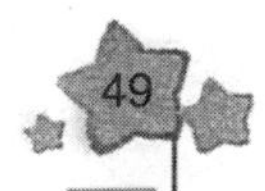

学会说“不”的具体措施：

降低他人的打扰。如果你正在专心致志地看书，而且刚刚才进入了状态，此时恰恰有一个电话打了进来，是你的朋友。他要求你为他办一件事，而这件事并不太重要，也不是很急。那么，你完全可以将它向后缓一缓，再次进入学习状态。你可以对朋友说：“你放心，这件事我会帮你去办，不过很抱歉不是现在。但我保证，在你需要它的时候我一定帮你办好。”这样的话说出来，相信再怎么不通情达理的人也会接受的。

对每天的事情列一个表。如昨天做了三件事，今天做了五件事，就把这些事情全部都罗列出来。然后再针对每一件事情问问自己，“如果根本不做这些事情，结果会怎么样？”或“如果当时换个方法来做，会

不会更快一点”或“这件事情是不是浪费了我许多时间，对于我的人生来说却是毫无意义的？”如此坚持半个月，你就会发现，原来自己做了许多原本可以不做的事情，长期坚持你的时间观念会大大提高，类似这样“无用功”的事情就会越来越少了。

善于把握“20～80”原则。所谓“20～80”原则，是指用20％的时间做了80％的事情。可是在现实生活中，很多青少年常常用80％的时间来做20%情，这也是许多人都存在的一个毛病。因此，青少年应该弄明白哪些时间是自己的20％，然后尽力来保护和利用好这有效的20％，避免做事拖延。

对人说“不”不仅需要技巧，也是需要勇气的，很多青少年怕得罪他人而不愿这样做。针对这一点，曾被许多媒体誉为“时间管理界教皇”的罗特尔·塞维特教授提出了三个建议：第一，态度要坚定，但面容要和颜悦色；第二，不要通过第三者来拒绝对方，这对于对方来说显得不够尊重和真诚；第三，针对某个约会，日后可以再补偿。

学会说“不”，学会拒绝，是青少年解决自己“时间不够用”问题的一大途径，不仅可以提高学习的质量，还能让自己的人生变得更加五彩缤纷。如果你也是一个时间经常不够用的青少年，那么就请加入说“不”的行列吧！

6 活用你的零碎时间

十分钟的时间长吗？当然不算长。那么它短吗？其实也不算短。时间真的是一个奥妙而又神奇的东西，它摸不着看不见，无色无味，无踪无影，却对人类产生着重要的作用。任何人都不能脱离时间而存在，没有了它即使再有能力的人也将会一事无成。时间具有一个奇妙的特点：零碎性。也就是说，人们的时间往往都是零碎的，如何将这些零碎时间有效地利用起来，则体现了一个人是否善于珍惜时间。

§ 善于运用零碎时间

在现实生活中，常常听到有人说“没时间”或“时间不够用”。这不禁使人们感到纳闷儿，为什么有些人的日子会过得十分充实，而有些人却总是在碌碌无为？为什么有些人做完事情之后还能惬意地休息一阵，而有些人则正事还没有做到一半，时间就已经全部用完了？其实，上天赐予人们的时间都是公平的，但是并不是每个人都懂得享用这种“公平”。生活中总是有很多零碎的时间，常规的思想会认为，这么少的时间里，几乎什么事情也做不了，何必去在乎，于是索性就将它浪费掉了。而那些善于利于零碎时间的人，却总能够找到适当的事情来填满这个空白。正是由于这种认识上的差别，才让时间的差距越行越远。

一位青年十分苦恼，因为他觉得自己的人生毫无前途，他不知道目标在哪里，于是便向一位科学家请教。按照约定的时间，这个青年

来到了科学家的工作室，当时科学家正在做试验，屋里乱七八糟。科学家说道："很抱歉，您需要稍等我一会儿。"说完他便顺手关上了门。仅仅过了一分钟之后，门打开了，屋子里的情形和刚才的情况迥然不同，看起来既高雅又整洁，桌子上还放了两杯红酒。科学家递给青年一个杯子，笑着说："来，为我们的见面干杯！"青年欣然举杯。接下来，科学家出人意料地说道："好了，你现在可以回家了。"青年听了十分纳闷儿，便问道："你还没有跟我讲，如何才能成功呢？"科学家回答他说："难道这还不够吗？你都看到了，刚才我只用了一分钟的时间，就做了很多必须要做的事。你只要利用好生命中的每一分钟，就能够取得成功！"

是的，利用好每一分钟就能够成功！一分一秒看起来仅仅是一瞬间，可好多个一分一秒累积起来，就汇聚成了漫长的时间，这个道理和聚沙成塔、涓滴成河是一样的。谁能够善于利用零碎时间，谁就能够抓住更多的机会。

§ 学会整合零用时间

古往今来，治学之人总是千方百计地抓住身边的零碎时间，如三国时的董遇，时常教导他的学生要抓紧"三余"，即"冬者岁之余，夜者日之余，阴雨者时之余也"。而宋代时的大文学家欧阳修则提倡紧紧抓住"三上"，即"马上、枕上、厕上也"。如果你的动作不够快，那么这些零碎时间就像双手中捧的水一样，顷刻间就会从指缝间漏掉。

陈景润是国际上知名的大数学家，深受世界人民的敬重。他本人就是一个十分珍惜时间，并善于利用零碎时间的人。他总是利用等车、排队买饭等零碎时间来学习，就是在这不起眼的间隙时间中，陈景润以令人不可思议的能力学会英俄法德四国文字，令人为之赞叹！

看到这里，人们也就不难明白，陈景润为何能在国际上取得如此骄人的成绩了。利用空隙时间学会四门外国语言，这和现在的一些人相比，是多么令人难以置信呀！现在的人们往往是为一件事情浪费好多时间，最终却弄不出一个名堂来，难道是陈景润比现在的人聪明吗？当然不是，很大的一个原因就是他善于利用琐碎时间，而现在的人们则不将琐碎时间放在眼里。

人们总是在“时间如过隙之驹”“光阴似箭”，可是真正能够珍惜时间的人却是寥寥无几，我们看到的情况是：大把的时间被人为地浪费。过日子需要精打细算，对于零碎时间来说同样如此，一个用“分”来计算时间的人，他会比一个用“时”来计算时间的人的时间长。生命中的一分一秒，确实都不允许我们轻易地放过。

罗宾说过：一个百万富翁和一个穷光蛋至少在某一方面是完全一样的……他们一天都有二十四小时，一千四百四十分钟。可是在现实生活中，一个小时有六十分钟，而我们真正利用到的只不过是其中的几分钟而已。我们处在一个前所未有的快节奏时代里，生活脚步也越来越快，因此人们不得不钻研一下，如何才能当好时间的主人，如何才能合理地驾驭时间。青少年若想做出一番成就，就必须从现在开始学会活用零碎时间。

7 管理好自己的时间

人生最宝贵的两个资产，一个是头脑，一个是时间。无论做什么事情，即使是一件十分简单的小事，也要花费时间。因此，对于青少年而言，管理时间的水平高低，决定着其学习和生活的成败。

§善于运用时间

每个星期有168个小时，其中56个小时是在睡眠中度过的，21个小时是在吃饭中度过的，余下的91个小时即每天13个小时则由你来决定做什么。如何根据自己的价值观和目标管理时间，是一项重大的技巧。它能够使青少年控制其学习与生活，朝着自己的理想不断地前进，而不致像汪洋大海中迷失了方向的船不知所措。

一天，时间管理专家在为一群商学院的学生上课。

“我们这节课来做一个小实验。”专家边说边拿出一个一升的广口瓶放在桌子上，随后，他取出一堆拳头大的小石块，把它们一块块放进瓶子里，直到石块高出瓶口且再也放不进去为止。他向学生问道：“瓶子装满了吗？”所有的学生异口同声地应答道：“满了！”他反问道：“确定吗？”“确定！”学生齐声欢呼道。但专家从桌子下取出一桶沙子，把它慢慢放进玻璃瓶。沙子填满了石块间所有的间隙，他的这一举动令在场的学生感到目瞪口呆，他接着问：“现在瓶子满了吗？”这次学生不敢回答得太快，终于有位同学打破了原有的寂静，怯生生地回答道“可能没有满吧？”。“Very good！”专家说完后又拿出一壶水倒进玻璃杯，直到水面与瓶口齐平。他望着学生问道："这个例子说明了什么呢？"

听到这个问题，如果你作为当时在场的一名学生，将会有何感想？教授的实验对你而言是否有所启发，有所触动。在专家提出问题，并停顿了几分钟后，同学们才恍然大悟，原来他讲的内容是时间管理。静下心来思考一下，倘若教授的实验顺序颠倒一下，先在瓶子里放满沙子，就不能放入小石块，更不能放入大石块了。与之相同，在平日的生活中，假如我们的时间都被一些琐碎的杂事占用，那将没有时间做一些重要的事情。

§学会优化时间

对于进入初中后的青少年而言，或许大家都会有一种相同的感受，那就是感觉时间不够用。很多同学向老师或家长反映没有丝毫属于自己能够支配的时间与空间，他们非常担心因此而影响自己的学习成绩。有些同学为了赢得更多的时间，在晚自习熄灯后还要借助走廊微弱的灯光或手电筒进行看书学习，恨不得自己的一天能够拥有48个小时。

小方是一名初三的学生，在一次家长会上，她妈妈有幸成为家长代表在会上发言，小方妈妈的话语令在场所有的家长为之深深震撼："方方回家以后，晚上一般都要学习至11点半以后，孩子经常对我讲道：'妈妈，中考是人生的第一个岔道口，现在我必须努力学习，别人都在拼搏，都在进步，如果我不努力，很有可能考不上重点高中……'作为家长，我为孩子的勤奋好学所感动，孩子十分懂事，在她年幼的意念中，中考这场战争必须打赢，也只能打赢，但我并不提倡这种挑灯夜战的做法，作为家长，我经常劝导方方要学会管理时间……"

鲁迅先生曾经说过："时间就像海绵里的水，只要你愿意去挤，总是会有的"。列夫·托尔斯泰也有一格言："你没有有效地使用而放过的

那点时间，是永远不能返回的”。的确如此，每个人的时间和精力都是十分有限的，每天都有诸多的事情在等待我们去处理，我们不可能对每件事情一视同仁，如果胡子眉毛一把抓，那么时间一定是不够用的。但是我们也不能只懂得利用时间而不注重抓住效率，因此，怎样才能优化时间？怎样才能从有限的精力和时间中获取最大的价值呢？不妨尝试以下的一些方法：

1. 分清主次，分清轻重缓急。

一个有效率的人应该根据事情的重要程度，每天把需要做的事情罗列出来，然后再紧张而有序地完成。不论每天有多少事情需要完成，只要把所需做的事情归纳分类，先用大块的时间完成既重要又紧急的事情，就能实现自己的目标。

2. 充分利用最有效率的时间。

正是由于每个人的生物钟不同，因此不同的人在不同的时间中做事的效率也有所不同。如有些人的最佳状态在早上，那么他们应该把自己最重要的事情安排在清晨。

3. 全力以赴完成最为重要的任务。

对于重要的事情，在完成时需要不受外界的任何干扰，全身心地投入，只有这样，任何事情才能迎刃而解；否则将会把事情处理得一团糟。

4. 摆脱消极情绪。

在所有阻碍时间管理的消极情绪中，内疚是最最无益的。遗憾、懊悔和心情不佳既不能改变过去，又使当前的事情难以完成。除此之外，对未来的担忧也是一种毫无益处的情绪。

5. 适当地进行休息。

适当变换学习的内容，不同学科交叉学习不仅能够缓解大脑疲劳，还有助于提高学习效率；在适当的时候变换一下身体姿势，不仅可以消除疲劳，还能够养精蓄锐。

只有合理有效地计划，利用好点点滴滴的时间，做到劳逸结合，有张有弛，才能达到事半功倍的效果。从某种程度而言，倘若我们能够合理地管理时间，高效率地利用时间，必定会获得很大的收获。

8 别让消极心态左右你的时间

生活中，人们总会遭遇到各种各样的痛苦、不幸、磨难和挫折，因此也会有各种各样不同的心态出现，而不同的心态往往影响着一个人的命运。有着积极心态的人充满了自信，做事情的效率也很高。而有着消极心态的人，只会为自己的不如意唉声叹气，或是埋怨上天的不公，或是沉浸在后悔的痛苦中不能自拔，时间就这样不知不觉地流走了。

寸金难买寸光阴，时间是无价的，你不珍惜它，它也就不会珍惜你。五分钟，十分钟，很容易就被人们浪费掉了，日积月累，算算我们一生会浪费掉多少光阴，因此千万不能让消极心态浪费了我们的时间。

§ 心态决定命运

人生路上，我们每一个人都有可能会遭遇逆境、困境，或者说厄运。有些人在这个时候，无限夸大了自己所遭遇的逆境，以为横亘在自己面前的是厄运的海洋，心里永远在想“无论如何是游不出去的”。对处境感到无比绝望的他们，放弃了最后一搏的信念，松开了不该亦不能

松开的手，任满腔的理想、抱负、雄心壮志，全部淹没在很浅、很窄、根本就不足以伤害到自己的理念里，无所事事，最终一事无成。事实上，这个世界上，没有绝望的处境，只有对处境绝望的人，不同心态所产生的事情的结果也是不一样的。

有这样一个老太太，她有两个儿子，大儿子是染布的，二儿子是卖伞的，她整天为两个儿子发愁。天一下雨，她就会为大儿子发愁，因为不能晒布了；天一放晴，她就会为二儿子发愁，因为不下雨二儿子的伞就卖不出去。老太太总是愁眉紧锁，没有一天开心的日子，弄得疾病缠身，骨瘦如柴。一位哲学家告诉她，为什么不反过来想呢？天一下雨，你就为二儿子高兴，因为他可以卖伞了；天一放晴，你就为大儿子高兴，因为他可以晒布了。在哲学家的开导下，老太太以后天天都是乐呵呵的，身体自然健康起来了。

看来，事物都有其两面性，问题就在于当事者怎样去对待它们。强者对待事物，不看消极的一面，只取积极的一面。如果摔了一跤，把手摔出血了，他会想：多亏没把胳膊摔断；如果遭了车祸，撞折了一条腿，他会想：大难不死必有后福。强者把每一天都当作新生命的诞生而充满希望，尽管这一天有许多麻烦事等着他；强者又把每一天都当作生命的最后一天，倍加珍惜。

美国潜能成功学家罗宾说："面对人生逆境或困境时所持的信念；远比任何事都来得重要。"这是因为，积极的信念和消极的信念直接影响创业者的成败。

§ 摆正心态，利用好时间

心态是否端正，决定着我们这一生是否碌碌无为。在讲究时间效益的今天，你是否利用好了时间？

在美国，有一位叫赛尔玛的女士，脸上整天愁云密布。因她的丈夫从军，部队驻扎在沙漠地带，住的是铁皮房子，与周围的印第安人、墨西哥人语言不通；当地气温很高，在仙人掌的阴影下都高达华氏125度；更不幸的是后来她丈夫奉命远征，只留下她孤身一人。她因此而度日如年，愁眉不展，做什么事情都提不起精神来。

父亲不愿看到她这样一天一天苍老下去，于是就告诉她："两个人从牢中的铁窗望出去，一个看到泥土，一个却看到了星星。"

塞尔玛听了父亲的话，突然觉得非常惭愧，她决定要在沙漠中找到星星。

从此，塞尔玛便开始和当地人交朋友，他们的反应使她非常惊奇，她对他们的纺织、陶器表示兴趣，他们就把最喜欢但舍不得卖给观光客人的纺织品和陶器送给了她。赛尔玛研究仙人掌和各种沙漠植物、物态，又学习有关土拨鼠的知识。她观看沙漠日落，还寻找海螺壳，这些海螺壳是几万年前沙漠还是海洋时留下来的——原来难以忍受的环境变成了令人兴奋，流连忘返的奇景。

待丈夫归来时，塞尔玛已经写成了一本书，这本书以《快乐的城堡》为书名出版了。

塞尔玛从孤独的牢笼里走了出来，她利用等待丈夫归来的时间去学习知识，最后出版了书，不仅丰富了自己的知识，也对人类做出了很有价值的贡献。

在无法改变的事实面前，即丈夫不会因为她的孤独与等待就立刻出见在她的面前，与其这样一天天地消沉下去，不如摆正心态，去充分利用这些时间去做些有意义的事。

在我们的生活中，失败平庸者多，主要是心态有问题。爱迪生在几千次失败的实验面前，没有退缩，最终成功地发明了电灯。假如他在成功的前一次放弃了，那么他的结果是悲惨的，因为他花费了一生那么多的时间在这项试验上，最后却毫无价值，毫无意义，他的一生将是空

虚的。

心态是一个人思想的先导，而一个人的行动受思想指挥，而行动又决定人的成功与失败。那么，一个人一生的成败就是这个人的所谓的“命运”。一个人的心态怎么样，那他就有什么样的生活。当你对成功的渴望像需要空气一样时，你就离成功不远了。一切的成就，一切的财富，一切的快乐，都始于一个意念。一个“想成功”和“一定要成功”的人内心非常渴望，一个人的心态决定了他是否能成功。

生命对我们每一个人只有一次，而一个人一生所拥有的时间是有限的，犹如白驹过隙的短暂。因此，在这短短的人生里，摆正自己的心态去对待每件事情，你将有一个美好的将来；摆正自己的心态去面对每次挫折，你会很快地重新走向新生。时间就在于你自己把握了，别让消极的心态毁了你宝贵的时间。

第三章

立竿见影——时刻把时间用在刀刃上

每个人的生命都是有限的，但时间是无价的，那么如何利用我们有限的时间才算合理呢？有限的时间不在于你能多做多少事情，而是看你做了多少真正有价值的事情！一件有价值的事可能使你今生再也不用奔波生活，百件没价值的事，可能你还是一无所获！

大凡每个人都想做有价值的事，可是究竟什么才是有价值的事？也就是说怎样去抓住生命的重点呢？如何把时间用在刀刃上？本章为你一一讲述。

1 同一阶段只忙于有限的事情

我们真的忙得一塌糊涂了吗？显然不是！一般而言，是我们自己先一塌糊涂了，才开始变得越来越忙。忙中本没有错，但瞎忙乱忙却是一种错误，忙晕了头是一种错误，忙错了方向则可能铸成大错。瞎忙的结果，常常是忙中出乱，忙中出错，忙而无果。

我们每天都在忙，但又有多少人认真思考过我们到底在忙什么？我们忙得正确、忙得合理吗？为什么在整日不断的繁忙中我们却觉得时间不够用、琐事太多、问题层出不穷呢？究竟是何原因在无形中使我们变成“救火大队长”“修复重复问题专家”，甚至“无效工作狂”？

§同一阶段仅做有限的事情

若在同一阶段只设定有限的目标，然后提高对目标的关注度，坚持到底，在某种意义上，将会取得某种成功。

昔日，一名青年苦恼地对昆虫学家法布尔说道：“我不知疲倦地把自己的全部精力花在我爱好的事业上，结果却收效甚微，这到底是为什么呢？”法布尔对其赞许道：“由此可见，你是一个有志于献身科学的青年人。”“是啊。”这位青年人接着回答道：“我不仅爱好科学，还爱好文学；不仅喜欢音乐，还对美术有着深厚的兴趣……”刹那间法布尔拿出一个放大镜，对青年人说：“把你的精力集中到一个焦点上试试，就像凸透镜一般……”

在现实生活中，类似这名青年人的状况数不胜数。虽然他们的忙碌并不是瞎忙，他们有着清晰的目标，但是他们的目标太多，以致在同一时间内不知道自己应该做些什么，为此而感到不知所措。毕竟每个人的精力与时间均是有限的，只有忙得有道，才能忙得有所成绩。

著名的成功学大师马登曾经进行过这样一项调研：他要求被调查的人们写下一些计划做的事情，不限个数，但要保证这些事情必须完成。若干年后，当对这些人们进行回访时，他发现：那些只写下少量事情的人，大部分事情均得以圆满完成，而那些写下诸多事情的人们，基本上放弃了大多数计划的事情，余下的有限事情他们完成得也是大打折扣。

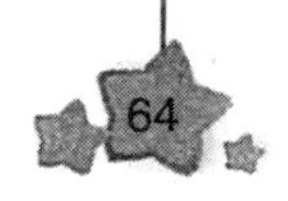

为什么会造成如此差异？是对一件事情的专注度。对于人们而言，为什么缺乏对事情的专注度，容易使其放弃某些事情的完成呢？主要是由于在完成事情的过程中，给我们最多激励的是越来越接近达到目标的成就感。如果我们在同一一时段内需要照顾十件事情，那么，大多数事情势必会进展得比较缓慢，最终结果就是人们缺乏必要的激励，在忙碌中逐渐遗忘某些事情。

马克·吐温曾经说过："人的思想是十分了不起的，如果专注于某项事业，就一定会做出一番令自己都感到吃惊的成绩来。"在同一阶段只忙于有限的事情，提高自己对某件事情的专注度，将不会分散自己忙碌的价值，不会在忙碌中迷失最初的目标而坚持到底。

§ 每次只做一件事情

"一次只做一件事情"是解决问题的良药。德鲁克曾经说过："我从没有碰到过任何经理人可以同时处理两个以上的任务，并且能够保持高效地完成。”

在世界上，最紧张的地方可能要数只有十平方米左右的纽约中央车站询问处。每天，那里都是人潮汹涌，不计其数的旅客纷纷在争先恐后地询问问题，均希望能够立即得到答案，对于询问处的服务人员而言，工作的紧张程度与压力状况可想而知。但不知为什么，柜台后面的那位服务人员看起来却丝毫也不紧张。他身材瘦小，戴着眼镜，一副文文弱弱的样子，显得那样轻松自如、那样镇定自若。

在他的面前，是一个矮胖的妇女旅客，头上扎着一条丝巾，已被汗水浸透，充满了诸多的焦虑与不安，询问处的先生倾斜着上半身，以便能够听到她的声音：“请问，我能帮你做些什么呢？”他把头抬高，集中精力，通过厚眼镜片注视着这位妇人：“你要去哪里呢？”

正在这个时候，一位头上戴着昂贵的帽子，穿着入时，一手提着皮箱的男子，试图插话进来，但是，这位服务人员仿佛旁若无人似的，对其视而不见，只是继续与这位妇人说话：“请问，你要去哪里呢？”“春田！”“是俄亥俄州的春田吗？”“不，我要去的是马萨诸塞州的春田。”他根本不需要行车时刻表，便脱口而出：“那班车是在10分钟以内，在第16号站台发车，你不用慌张，时间足够用的……”“你说的是16号站台吗？”“是啊，太太。”

当这个妇女转身离开的时候，那位服务人员立即把注意力集中转移到下一位客人——戴着高贵帽子的那位男子。但是，没过多久，那位妇女却又回过头来询问站台号码：“你刚才说的是第16号站台吗？”而令她感到出乎意料的是，这次，服务人员却集中精力于那位男子身上，对这位妇女置之不理。

后来，有人对那位服务人员问道：“请问，你是如何做到并保持冷静的呢？”

这位服务人员回答道：“我并没有与公众打交道，我只是纯粹地处理一位旅客。在忙完一位的时候，才考虑换下一位，因此，在每个固定

的时间段内，我只服务一位旅客。”

或许大家都有过这样的经历：当我们全神贯注于一件事情时，突然电话铃声响了，同事请求帮助，上司交给了我们新的任务，下属需要我们帮助解决问题……于是，我们被迫中断正在进行的工作。这样不断地进行折腾，最终很有可能一件事情都不能被很好地完成，甚至还会因为被打扰而耽误了正在进行中的事情，或许好不容易被厘清的思路也会由此而不能深入下去。

小提示

在现实生活中，我们应该学会每次只专注于一件事情，只有这样，我们才能把时间恰当地运用在最重要、最有效的事情之上。

2 化整为零，循序渐进

世界上最平凡、最珍贵的东西莫过于时间。金钱买不到它，地位也留不住它。“时间是构成一个人生命的材料。”每个人的生命都是有限的，如果你觉得时间利用率比较低，可以运用切香肠的技巧来解决。所谓切香肠的技巧，就是不要一次性地切完整条香肠，而是把它切成小片，一小口一小口地慢慢品尝。同样的道理也可以运用于时间利用方面：先把时间分成N个小部分，分别详列在纸张上，然后再决定出每一部分时间用来做些什么，使得每一小部分的时间均能够被合理利用。

§ 化整为零，利用时间

或许每一个坏习惯，都有其巨大的惯性；或许每一个惰性，都有不小的诱惑。对人们而言，若只是一味地沉浸于享受现在，便不能享受未来；若短时间内害怕吃苦，将苦一辈子，不要总是把一切事物都寄托于“等我有时间再说”。

鲍伯是美国的一名商业精英，在他的工作日中，他每天都把自己所要做的第一件事情分成三类：第一类是所有能够招来新生意、增加营业额的工作；第二类是为了维持现有状况，或使用现有状况能够继续生存下去的一切工作；第三类是所有必须去做，但对企业和利润均没有任何价值的工作。

在没有完成第一类工作之前，鲍伯绝对不会着手完成第二类工作；而在第二类工作没有全部完成之前，他又绝对不会着手进行第三类工作。“我一定要在中午之前完成第一类工作。”这是鲍伯给自己的规定，因为上午是他认为最清醒、最有建设性思考的时间。与此同时，鲍伯说道：“你必须养成一种习惯，任何一件事情都必须在规定好的几分钟、几天或一周之内完成，每一件事情都必须在规定的时间段内完成。如果一直坚持这么做，你就会努力赶上期限，而不是永无休止地拖延下去。”

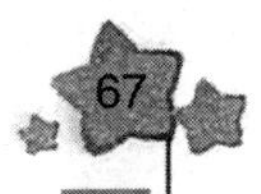

我们必须铭记：完成每件事情都必须有一个期限，否则，在大多数情况下，我们在做任何事情的时候只会漫无目的，有多少时间就花多少时间，甚至即使在很长的时间内我们都不会把此件事情比较理想地完成。

在有些时候，人们会拥有一种追求完美的想法，再加上事情本身并没有期限限制，那么，他们便这样认为：再花一些时间把它做到最好的状态吧，反正已经浪费这么长时间了，再拖几天也无妨大碍。殊不知，

在这种泥沼中，其会越陷越深。除此之外，一个控制时间的艺术就是千万不要这样认为："等我有了时间再……"结果却是：几天或几年过去了，那件事情依然没有来得及做。

一般而言，或许不计其数的事情对我们都十分重要，但我们却苦于没有整块的时间去做而对之置之不理，于是在无形中便一拖再拖，最终却只能永远把他们封存在"遥远的梦想柜"之中。譬如：若想学习一些英语知识或某种技能，不要只是寄希望于"脱产"而专门去学，每天背诵一些简单的单词，在不知不觉间，其目标将会自然实现。

对于人们而言，在诸多境遇下，并不能抽出专门的大量时间而做某一件事情，但可以把事情化整为零，把时间化整为零，在适当的时间适时地做一些事情，这样能够受益终身。

§ 分割时间，循序渐进

成功正是一个化整为零、循序渐进的过程，并非一蹴而就的坦途。在现实生活中，虽然在一些人们的心中拥有一张清晰的目标地图，但是由于面前有太长的路要走，有些感到不知所措，有些望而生畏。在时间利用方面同样如此，我们可以将一定的时间进行分解，通过在一个又一个的小时间段内完成大的目标，将大的时间块划分为若干个小时间段，逐一进行跨越。

心理学家曾经做过这样一个实验：他组织三组人，分别让他们向着十千米以外的三个村子同时出发。

第一组的人们既不知道村庄的名字，也不知道具体的路程远近，他们只被告诉跟着导游走就行。刚刚走出两千米左右的时候，便有人埋怨太苦；走到一半的时候，一些人几乎愤怒了，他们抱怨为什么要走这么远，何时才能走到尽头，有些人甚至坐在路边不愿继续向前走；越往后，他们的情绪就越低落。

第二组的人们虽然知道村庄的名字和路程有多远，但是路边并没有里程碑，只能凭借经验来估计行程的时间与距离。当走到一半的时候，一个比较有经验的人说道："我们大概走了一半的路程。"于是，大家便簇拥着向前走。当走到全程四分之三的时候，大家情绪开始低落，觉得疲惫不堪，而路程似乎还有很长。当有人说道："快到了，快到了！"的时候，大家的情绪又在刹那间振作起来，不禁加快了行进的步伐。

第三组的人们不但知道村子的名字、路程，而且公路旁每一千米还有一块里程碑，人们边走边看着里程碑，在不断的行进中，他们以歌声和笑声消除疲劳，情绪一直比较高涨，因此，在较短的时间内便到达了目的地。

心理学家从这个试验中得出一个这样的结论：如果人们在行动中具有明确的目标，并能够把行动与目标加以对比的话，那么他们就会清楚地知道自己与目标之间的距离，这样他们就会化整为零，在行动中使动机得到维持与加强，自觉地克服困难，努力实现目标。

事实上，人与人之间的智力条件差别并不大，人们同样面对每天相同的24个小时，其结果却有着极大的差别：有些人功成名就，有些人却一事无成。造成这种差别的原因很多，但效率方面的差异是其主要因素。对于利用时间的高手而言，他们总会有足够的时间去做任何事情；而对不会利用时间的人们而言，时间却永远不够，事情却总做不好。只有学会不断地分割时间，化整为零，才能做到循序渐进。

3 一分钟也别拖延

“绝不拖延每一分钟，立即行动！”这句话是最惊人的自动起动器。任何时刻，当你感到拖延的恶习正悄悄地向你靠近，或当此恶习已迅速缠上你，使你动弹不得的时候，你都要用这句话来提醒自己。

一般而言，在每个人身上都有着一定的惰性。若一件事情在不是很着急的时候，都喜欢往后拖一拖。一些人由于其自制力本来就差，加上没有时间观念，结果就会变得极其糟糕。

§ 拖延就是浪费生命

在现实生活中，一部分人们由于“忙”的缘故，他们习惯性的动作就是凡事“以后再做”，往往计划落空，生活一片混乱，与此同时，自责、后悔、烦躁的情绪也会随之而来。

12岁的刘诗佳是某学校五年级的学生，学习应该算是班上最好的，因为她的脑袋比较聪明。各方面都表现优异的她，唯独不喜欢做作业。她不喜欢做作业最大的障碍就是她做事情比较拖拉。

有一次，语文老师布置了一道作文题目——《我爱我家》，规定在五天之内必须交一篇完整的作文。毫无疑问，她应该是认真而又努力地思考，并积极而又细心地准备素材。然而，只有诗佳自己知道，虽然老师规定的是五天之内完成，时间很紧的，但是对于她来说，前四天的她仍然是心不在焉的、看似轻闲的，因为她始终觉得还不用着急；只有到了第五天，大限逼近，她才像疯了一样地去赶紧完成这篇作文。而往往都是不到最后一秒钟，诗佳是不会搞定老师布置的所有作业。因此，总是到了最后的关头，她才让自己着急的心放下。

虽然，她仍然是班上成绩最好的一个，但你别以为她学习得法、有张有弛。其实，看似无所事事的前四天里，她一直备受煎熬——每天她都告诉自己：该动笔了，时间不多了！可是，她就是无法进入学习状态，仍旧忍不住坐在电视机面前，浪费时间。一天的时间很快就过去了，她又不断地谴责自己：这么没有效率，真是无可救药！

从这个故事当中，我们可以看出，刘诗佳只不过是习惯性拖延者中的一员。其实，在我们的日常生活当中，有20%的人过着拖拖拉拉的生活。理所当然，我们不能简单地认为习惯于拖延时间的人就是一些没有责任心或者慵懒的人们。事实上，他们往往更为焦虑，毕竟他们能够感受得到：拖拉不仅影响了他们的正常状态，也搅乱了自己内心的平静。

在现实生活中，人们都有做事拖延的恶习，总是将事情一拖再拖，迟迟不肯动手。虽然内心一直面临着压力，感到焦虑，但就是无法付诸实践。有的拖到最后期限敷衍了事，有的就不了了之了。做事拖拉的人总可以为自己辩解，他可以诉说自己如何想做，但又有多少理由使得他无法去做。

从某种意义上来讲，做事拖拉就是浪费生命，就是慢性自杀。一些人们经常为挤压的任务而备感痛苦，从而不仅影响其身体健康，还影响其工作质量。到最终，学习效率没有得以提高；身体不能得以调养，结果是得不偿失。

§ 不拖延每一分钟

人们总是容易也最经常拖延那些需长时间才能显示出结果的事情。其实，不论事情大小，均不能放任自己无期限地进行拖延，即使只是拖

延短暂的一分钟，或许也会为我们带来一定的损失。

鲁迅小的时候，在一个私塾读书，很不幸的是，他的父亲害了病，他就得一面上私塾读书，一面帮着母亲料理家务，几乎天天奔走于当铺和药铺之间，把家里的东西拿到当铺去换了钱，再到药铺去给父母买药。

有一天早晨，鲁迅上学迟到了，教书认真的寿镜吾老先生严厉地对他说："以后要早到！"鲁迅默默地回到座位上，就在那张旧书桌上刻了个"早"字，也把一个坚定的信念深深地刻在了心里。

后来，鲁迅不仅时时早，而且事事早，并且毫不松懈的为此奋斗了一生。

从这个故事当中，我们不难看出，正是由于后来鲁迅做任何事情都不拖拉，而且能够做到时时早，事事早而使他成为世界上著名的文学家、思想家和革命家。

人们在做事情的时候总是等到所有的条件均具备的时候才会采取一定的行动。殊不知，良好的条件是等不来的，在学习、工作或生活中，极少出现"万事俱备，只欠东风"的境遇。我们在绝大多数情况下并不能等到所有的条件都比较完善时才能开始工作。但即使在这种既定的环境中，即使在现有的条件下，我们同样可以把事情做到极致。行动能够创造更为有利的条件，只要认真做起来，即使是十分小的事情，哪怕仅仅只是做了五分钟，也是一个极好的开端，就能带动我们着手做更多的事情。

拥有"时间感"的人，不仅有明确的使用时间法，而且在工作、交际等方面，也一定是高人一筹的。个人应该把自己从不当的"习惯"信仰，以及固定化的价值观中解放出来。一个人若具备丰富的想象力和较高的技术，就可以借此判断时间，锻炼自己对时间的控制。

时间观念强，善于运用时间，有计划安排的人们一定会赢得成功。因为他们知道时间对自己的意义，他们绝不会拖延一分一秒的时间，毕竟他们时时都知道拖延时间毫无必要的，拖延是一种自我折磨。

4 将紧要的事情放在第一位

不管遇到什么情况，我们都要记住一点：将最紧要的事情放在第一位。倘若最紧要的事情解决了，其他事情自然就会水到渠成。

传统的时间管理仅仅只是要求在最短的时间内做最多的事情，却忽略了依照事情的轻重缓急程度而安排时间的先后顺序。因此，我们应该忘掉墙上悬挂的闹钟，认清急迫性与事情的紧要程度，遵循心中的计划行事，做生活的主宰者。

§ 先做紧要的事情

日常生活中，不管做什么事情，我们都要先做比较紧要的事情，这也是我们做事情需要遵守的法则之一。相信很多的人都会有这样的经历，本来想做某件紧要的事情。但却被一些突如其来的小事打断，从而分散了精力，导致最后没能够按时完成原本要做的事情，其实，这一切都是因为他们没有先做紧要事情的习惯。

人的一生中，往往会遇到很多琐碎的事情，如果在这些事情中选择

出紧要的事情先做，为这些事情排出紧要的先后顺序再一一去做，那样效率就会有很大的提高。

现代社会，每个青少年都渴望快速成功。因此，很多青少年便会因浮躁而产生投机取巧的心理，结果往往是欲速则不达。其实，每个人的成功都有其既定的轨道，就像地球有其运行轨道一样。那么，究竟怎样做才能契合这条成功轨道呢？

培根说："敏捷而有效率地工作，就要善于安排工作的次序，分配时间和选择要点。只是要注意这种分配不可过于细密琐碎，善于选择要点就意味着节约时间，而不得要领地瞎忙等于乱放空炮。"

青少年如果能够养成把注意力集中到紧要事情上的习惯，并根据这些紧要事情来努力为自己的成功而奋斗，那么他就为自己获取了一种强大的力量，也就能够很容易地走上成功之路。

§ 分清轻重缓急

每个人无时无刻不在面对"如何运用时间"的问题，无论是面对巨大的人生转折还是芝麻绿豆大的生活琐事，都要难免做出一番抉择，与此同时自己必须承担抉择的后果。当然，结局并不一定全是完美的，尤其是无法较好地安排时间时。

史蒂芬是美国当代最有影响力的作家，有一次他和女儿玛利亚聊天，女儿刚生下小孩，对他说道："爸爸，我好烦，你也知道我很喜欢这个小孩，但是她几乎占有了我所有的时间。"

"由于她的存在，我的一切事情都无法进行，可偏偏有些事情非我自己做不可。"史蒂芬十分理解女儿的挫折感，她的挫折感来源于期望过高。玛利亚既聪明又能干，每天的生活十分充实，手中仿佛总有忙不完的事情。于是史蒂芬就对她说道："事实上，你现在重要的事情只有一件——好好享受生儿育女的喜悦。你可以尽管放松自己的心情，尽情享受与小孩的共处，与此同时让她能够感受到你初为人母的喜悦，毕竟全世界只有你能够为她付出最深的爱与心力。与这种天伦之乐相比较而言，任何事情都将显得微不足道。”玛利亚也深知：在短时间内自己的生活一定会失去平衡，她是不应该拥有任何怨言的，若小孩长大一些，她就能为追求自己的目标而贡献心力。

史蒂芬又接着意味深长地对女儿说道：“把心中的时间表忘掉，认真计划未来，如果这样会让你觉得有罪恶感的话，那就不要制订任何计划。对你而言，目前小孩是生命中最为紧要的事情，尽管享受初为人母的乐趣，将不会拥有任何烦恼。记住一句话：你应该遵循的是心里的那个罗盘，而不是挂在墙上的时钟。”

在现实生活中，像玛利亚的人还有许多。对于很多人而言，心中的罗盘与真正的时钟存在颇大的差异。换而言之，我们并不是依照自己对事情的轻重缓急程度而安排时间的先后顺序。如果按照传统的时间管理，只是一味地要求在较短的时间内完成更多的事情，结果不但于事无补，反而欲速则不达。

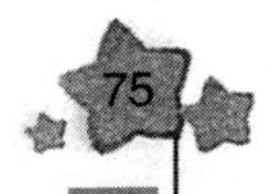

如果做事没有分清轻重缓急，只是一味地盲目进行，将可能事倍功半。为什么有那么多的青少年在勤勤恳恳地对待学习与生活，但结果却有所不一？其中一个重要的原因就是：有些青少年缺乏洞悉事物的轻重缓急，做起事情毫无头绪，不能权衡轻重。为了使他们能够学会如何先做最紧要的事情，研究专家艾伊贝特意提出了以下一些建议：

1. 不要妄想在短时间内把所有的事情全部做完。

2. 手边的事情并不一定是最为重要的事情。

3. 每天晚上罗列出次日需要完成的事情，按照事情的重要性依次排列。

4. 每天早晨先做最重要的事情，完全不要顾及其他事情。第一件事情完成后，再做第二件事情，依次类推。

5. 如果到了晚上，你所列出的事情并没有完成，也丝毫没有关系，

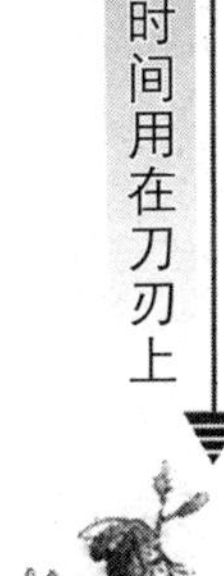

毕竟你已经把最为紧要的事情做完了，余下的可推迟至第二天再做。

每一个人每天都拥有很多需要做的事情，如果刻意追求十全十美，将有可能拘泥于小事而无法正视大事，其结果将会本末倒置。因此，我们应学会将最紧要的事情放在第一位。

青少年在做每一件事情的时候，一定要分清轻重缓急，敢于舍弃细枝末叶，这是高效率完成任务的妙招。成功者的共识就是：分清主次，有所不为才能有所作为。

5 把握时间节奏

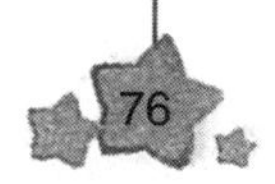

有句话说得好："掌握你的时间，就是掌握好了你的生命。"时间的节奏就是要好好把握自己身边的时间，正确地对待自己时间。时间的节奏不是任何人都能随时控制的，就看个人把握的程度了。

有个名人曾经这样说道："时间节奏就像是人生的航班，航班的驶向就是人们如何能完全地掌握好所需要的时间。一分一秒都不能差。如果差了航班，那么你将失去的更多。"

§时间的脚步匆匆而过，你却不知

时间是挤出来的，只要你找准自己的时间节奏，按照自己的时间节奏走，那就一定没错。时间的脚步虽然匆匆地从我们身边流走，但是如果我们并没有松弛自己，而是一直在努力找寻着属于自己的时间，那么，时间的节奏也是属于我们自己的。

把握好自己的时间，任何人都是按照自己的时间节奏去取得成功的。鲁迅的成功，就是一个很好的典范。鲁迅十二岁在绍兴城读私塾的时候，父亲正患着重病，两个弟弟年纪尚幼，鲁迅不仅经常上当铺，跑药店，还得帮助母亲做家务；为了不影响学业，他必须做好精确的时间安排。此后，鲁迅几乎每天都在运用自己的时间。他说过：时间就像海绵里的水，只要认真去挤，总会有的。鲁迅读书的兴趣十分广泛，又喜欢写作，他对于民间艺术，特别是传说、绘画也深切爱好；正因为他广泛涉猎，多方面学习，因此，时间对他而言是十分重要的。他一生多病，工作条件和生活环境都不好，但他每天都要工作到深夜才肯罢休。在鲁迅的眼中，时间就如同生命。因此，鲁迅最讨厌那些整天东家跑跑，西家坐坐，说长道短的人，在他忙于工作的时候，如果有人来找他聊天或闲扯，即使是很要好的朋友，他也会毫不客气地对人家说："唉，你又来了，就没有别的事情要做吗？"

由此可见，时间是多么重要！把握好自己的时间是那么弥足珍贵，时间的节奏是在空闲的时候挤出来的，是巧妙利用时间的原则，而不能使自己轻而易举地浪费自己本不应该浪费的时间。时间在我们的生活中占据着十分重要的作用，当它匆匆流走的时候，你是否能察觉到时间的珍贵呢?

法国大作家巴尔扎克视时间为生命，因此，他的每一秒钟都过得异常充实。他曾为自己列出这样一个时间表：从午夜到中午——工作，从中午到下午——校对，下午5点——用餐，5点半——休息，从这张表上不难看出巴尔扎克对于自己的时间节奏定的是如何仔细，也正是由于正确把握自己的时间节奏，巧妙地运用时间努力工作、学习，从而才能成为举世闻名的大作家。

我国著名的经济学家王亚楠在上学读初中的时候，有意将自己床上

的一条床腿锯掉，这样，每当他晚上睡觉一翻身时，床便向一侧倾斜，于是，他便立刻起床，挑灯苦读，正因为他把握好自己的时间节奏，连睡觉的时间也自己来控制，从睡觉中挤出时间来学习，从而获得了更多的知识。

这就说明伟大的名人都是因此而把握好自己时间节奏的，作为青少年，也应该学好对时间节奏的把握程度，不要因为自己而错过了时间的节奏。每一秒时间不是都在等着你的，而是需要自己去把握。在它匆匆流过的同时，不要把时间浪费在多余的事情上，制订一个属于自己的时间表，掌握好自己的时间。

§ 掌握好自己的时间，按着时间节奏走

美国曾有一个人这样说道："时间就是金钱。"事实上，时间就是生命。倘若无端地空耗自己的时间，其实是无异于自杀。那么，时间的节奏也同样如此，科学性地把自己需要做的事情按照轻重分为若干等级，安排出自己详细的时间表，制订自己的时间计划，能使自己获得事倍功半的效果。

有关专家对时间采取"等级分配"的方法，将两天或一个月内所要做的事项列出来，依照轻重缓急的程度安排好。将最迫切的事情定为A等，次者为B等；可做可不做，没什么重大意义的事例为C等。A等的事，就要安排多的时间和精力最充沛的"顶峰期"去做；B等次之；C等可安排在一些零星时间内进行，或者干脆不做具体安排，有时间就干，没时间就算了。

把握好自己的时间节奏，合理安排好自己的时间，那么就很容易按照原定的时间节奏进行，从而实现自己的目标。常常有这样的现象发生：一个星期或一个月的计划，因为一两天对自己时间上的松懈无法如期完成。于是越拖越久，越积越多，终于去除计划，完全忽略

了计划的最终目的是做什么。就连自己的时间节奏都没有，做起事情来也就是空头支票一张，失去了它本来的意义。

在利用时间方面，青少年不要过分地注重长期计划和远大目标。只要能确保每天的计划按时完成，按照自己的时间节奏走，养成当天的事情当天完成的习惯，无形中也就完成了星期计划、月份计划等长期计划。

但凡成功的人士都是能够掌握好自己的时间节奏的。因此，青少年也要像成功人士那样，把握好自己的时间节奏，合理制订出自己的时间计划，按照时间的节奏一步一步向前走，成功将会属于自己。

6 运筹时间的黄金定律

假设有这样一家银行，每天早上都会往你的账户上存入86400元，在午夜12点之前，就会删除你当天没有用完的钱，而不是继续保存到第二天。那么，你会怎么做？毫无疑问，所有的人都会选择把当天的钱全部取出来。当然，在现实生活中，这样的银行和账户是不存在的，但却有一样事物和这个账户有所相同，那就是时间。

时间对每个人都是一样的，每天早上时间老人都会为我们存入86400秒，到晚上取消所有没有利用的时间，既不会自动转入第二天，也不允许透支。这就为所有的人都提了一个醒：如何充分地利用好自己的时间是一门大学问。

§什么是帕金森时间定律

世界上没有两个一模一样的人，就连双胞胎也不例外，每个人从一生下来就有一副独特的躯体。但是，每个人所拥有的时间却是相同的，按照常理来说，在相同的时间里，我们可以做的事情是一样多的。但在现实生活中，有些人总能够为自己的事情留出合理的时间，而有些人却总是显得有些手足无措。这究竟是为什么呢？先来看一看什么是帕金森时间定律吧！

帕金森时间定律的内容是：工作会自动地膨胀并占满所有可用的时间。这是帕金森本人在分析得出“大型组织会变得大而无当、毫无生气”的结论后，总结出来的定律。换而言之也就是说，人们总是会在无形当中为一项工作投入过多的时间，超过实际需要。如果你想让自己的效率提高，那么就必须安排恰当的时间。假如时间过于充裕，你便会将自己的节奏慢慢放缓，以便用掉所有分配的时间。

帕金森曾经描述过一位老太太寄信的过程：这位老太太闲来无事，便想要给远方的外甥女寄去一张明信片，可是仅仅一件这么的小事情，她却花掉了一整天的时间。让我们来看看她究竟是怎么做的吧：首先老太太花了 1 个小时去找那张明信片，找到之后又花了 1 个小时去找眼镜。然后，又接着查询外甥女的地址，这项工作又用去了她 30 分钟，接下来开始写信，又花了 1 小时 15 分钟。就在她决定要出门将明信片送往邻街的邮筒时，她又在想到底要不要带把雨伞，而这小小的考虑又费了 20 分钟。就这样，原来是一件 3 分钟就可以解决的事情，老太太几乎用了一天的时间才搞定，而且在这期间她又在不停地犹豫、焦虑和操劳，最终弄得自己疲惫不堪。

从这件事情中，帕金森总结出来一条定律，那就是：“一份工作所需要的资源与工作本身并没有太大的关系，一件事情被膨胀出来的重要性和复杂性与完成这件事情花的时间成正比。”的确如此，对于青少年而言，总以为给自己足够多的时间去完成一件事情，那么事情的品质就可以得到大大的提高，但事实却恰恰相反。越多的时间反而会使其越懒散、缺乏原动力、效率低，而最终，事情的品质并不会因此而改变。

§ 有趣的时间定律

5秒钟定律：5秒钟定律的主要内容是，假如食物在落地的5秒钟之内被捡起来，就可以放在嘴里继续食用。这是一位2004年就读于芝加哥农业科学中学名叫吉莲·克拉克的女中学生提出来的，她获得了2004年度“搞笑诺贝尔奖”公共卫生奖。吉莲·克拉克在学校里擦地板时无意中发现，其实学校里的地面十分干净，当然细菌也很少，因此突发奇想得出这一定律。为了验证它的可行性，克拉克还进行了大量的调查，结果发现76%的女性和56%的男性都认同她的结论，而且他们还明确表示自己平时就是按照定律来做的。

7秒钟定律：人们在商场中挑选商品时，存在一个“7秒钟定律”，也就是说，人们只需要7秒钟的时间就可以判断自己是否对这些琳琅满目的商品感兴趣。在这短暂而关键的7秒内，色彩起到了很大的作用。

30秒钟定律：这是记忆力服从的第二个时间定律。如果人们不做出记忆努力，那么在获取和复述记忆材料之间不会超过30秒钟。

若要体会一年的价值，不妨去问一问一个留级的学生；要体会一个月的价值，不妨去问一位早产的母亲；要体会一星期的价值，那么就去请教一个周报的编辑；要体会一小时的价值，就去问一问正在等待约会的情人；要体会一分钟的价值，刚刚错过飞机的人可能会给你最好的答案；要体会一秒钟的价值，就去问一问百米赛跑的金牌获得者。时间真

的是一个最珍贵的礼物，珍惜你所拥有的每一秒吧。

黄金定律：时间老人是不等人的，他不会因为某个人而在不断行走的同时猛然停滞，今天就仅仅是今天，时间的摆动不可能让你尝试昨天的甜美，也不可能让你体验明天的愉快。因此，青少年应该学会珍惜今天点点滴滴的时间。

7 合理利用时间

古语有云："一寸光阴一寸金，寸金难买寸光阴。"这句话人们恐怕早已烂熟于心，就连三岁的孩子也能顺口说出来。的确如此，时间是上帝赐予人类最贵重的礼物，既然如此，青少年就要合理地利用它，这是迈向成功的第一步。但是在现实生活中，能够做到这一点的青少年却是微乎其微，很多的青少年觉得自己的学习总是被安排得满满的，可是却不知道，其实时间早已经在不知不觉中溜走了。

§ 合理利用时间，是成功的必要前提

合理利用好自己的时间，也就是说要当好自己的"管家"。而当好自己的"管家"，学会有效地管理自己的时间，既是培养自我控制能力的需要，也是自身成功不可或缺的重要保证。缺少自我管理不仅会使自己的意志力得不到加强，情绪得不到有效的控制，还会使内在潜力难以

最大限度地发挥出来。

富兰克林是18世纪美国著名的科学家、文学家和思想家，他出身贫寒，仅读过3年小学，从12岁起便在印刷所当学徒。然而，他最终却取得了事业的成功，其成功的重要原因之一就在于他善于控制和管理自己，也就是说当好了自己的“管家”。他的自我管理，是从两个方面着手的：一是管理好自己的时间，二是管理好自己的品德，并辅之以严格的检查。在时间管理上，富兰克林把每天的作息时间和内容列成一个表格，包括娱乐的种类等等，都清晰明了，严格按时作息；在品德管理上，富兰克林给自己规定了13条道德守律，包括节制、缄默、秩序、决心、俭约、勤勉、诚笃、公正、平和、整洁、镇静、谦卑、毋淫邪。此外，为了督促自己遵守，他制定了相应的“守律表”。为使这种自我管理变成自觉行为与良好习惯，他还采取了一系列具体办法，针对薄弱环节进行重点改进。富兰克林就是这样，一直坚持严格的自我管理，终于获得了成功。

其实，时间对每一个青少年来说都是很公平的，关键是看你能不能把自己的时间合理安排好并好好利用。现代生活中，许许多多的青少年背负压力过大，为了能够更出色地完成学习或某些任务，他们就连续加班加点，结果造成持续的精神过度紧张和疲劳，加大了思想负担。还有一些青少年把自己的生活内容安排得十分杂乱，一会儿做这个，一会儿却又做那个，好像每件事情都做了一点，但每件事情却都没有做好。

§合理安排时间，提高效率

著名物理学家爱因斯坦认为，人与人之间的最大区别就在于如何利用时间。在我们每个人出生时，世界送给我们最好的礼物就是时

间。不论对穷人还是富人，这份礼物是如此公平：一天 24 小时，我们每一个人都用它投资来经营自己的生命。有的人很会经营，一分钟变成两分钟，一小时变成两小时，一天变成两天……他用上天赐予的时间做了很多的事情，最终换来了成功。事实上，世界上许多伟人诸如科学家、发明家、文学家，他们之所以能够成功，正是由于他们会合理安排自己的时间。其实，时间对我们每个人来说都是很公平的，关键是看你能不能把自己的时间合理安排好，并好好利用。

有些青少年志气高，在学习上敢迎难而上，但实际上负担和难度都超过了自己的能力，所以常难以完成自己给自己规定的任务，由此加大思想负担；有些青少年不会合理安排时间，不懂得学习和放松的重要性，加快疲劳产生；还有的少年学习内容安排杂乱，一会儿想起这门，一会儿又匆忙开始另一门，短时内紧张刺激过大，很快造成用脑过度；另有青少年是在家庭和学校压力下被迫学习，兴趣不大，但又不得不去完成，心理压力重，怨气大，导致神经衰弱。其实，如果之前做个好的学习计划，合理安排好自己的时间，便能产生良好的效果。

如果从小就养成了良好的时间观念，就意味着有了一个良好的开端。因为善于利用自己时间的人将会获得高效率的办事结果，也是最能出成绩的人。

“时间就是金钱”的观念早已深入人心。既然时间是如此珍贵的资源，那么，我们就要把它合理安排好，尤其是青少年，合理安排好时间就意味着已经迈出了成功的第一步。

8 确定目标，不浪费时间

树立目标对一个想成功的人来说是极为重要的。人生在世，需要有一个目标。有个目标，就会有一种使命感，也就不会浪费一分一秒的时间。有些东西是不可逆转的，一旦逝去就不会再重来，它是不可蓄积的，这就是时间。没有目标地做一件事，结果可能是失败，由此为之付出的精力不仅白费，为此努力所占用的时间也如流水，一去不复返了。时间很重要，人生匆匆几十年，假如我们把时间都浪费在不能成功的事情上，那这一生终将是碌碌无为的。

世界顶尖潜能大师曾经这样说："有什么样的目标，就有什么样的人生。"没有目标的人，他的前途是渺茫的，看不到希望所在，因此也就失去了前进的动力。若一个人没有目标，那么他在做事情时是散漫的，时间就会在他不知该做什么的时候悄然流逝。

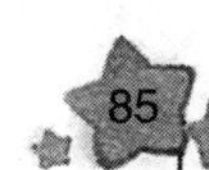

在1952年7月4日的清晨，加利福尼亚海岸笼罩在浓雾冲。在海岸以西21英里的卡塔林纳岛上，一个34岁的女人涉水进入太平洋中，开始向加州海岸游去。要是成功了，她就是第一个游过这个海峡的妇女。这名妇女叫费罗伦丝·查德威克。在此之前，她是从英法两边海岸游过英吉利海峡的第一个妇女。那天早晨，海水冻得她身体发麻，雾很大，她连护送她的船都几乎看不到。时间一点点地过去了，千千万万人在电视上注视着她。有几次，鲨鱼靠近了她，被人开枪吓跑了。她仍然在游。在这次渡海游泳中，她的最大问题不是疲劳，而是刺骨的水温。15个钟头之后，她被冰冷的海水冻得浑身发麻。她知道自己不能再游了，就叫人拉她上船。她的母亲和教练在另一条船上。他们告诉她海岸

很近了，叫她不要放弃。但她朝加州海岸望去，除了浓雾什么也看不到。几十分钟之后——从她出发算起，15个钟头零55分钟之后，人们把她拉上船。又过了几个钟头，她渐渐觉得暖和多了，这时却开始感到失败的打击。她不假思索地对记者说："说实在的，我不是为自己找借口。如果当时我看见陆地，也许我能坚持下来。"

要知道，人们拉她上船的地点，离加州海岸只有半英里！她最终的结果失败了，那之前在刺骨的冷水中坚持的15个钟头也白白浪费了。从这则故事我们可以看出，真正令她半途而废的不是疲劳，也不是寒冷，而是因为她在浓雾中看不到目标。没有目标的航程让人永远看不到希望，没有目标地前进最终只是浪费时间。

因此要想获得成功，想要自己的付出变得有价值，就必须有一个清晰明确的目标，目标是催人奋进的动力，目标会让你加快步伐去游向成功的彼岸。

§正确的目标可以节省时间

制定正确的人生目标是事业成功的第一步。"凡事预则立，不预则废"，如果没有一个正确的人生目标，你的事业很难成功。即使成功了，也不知要付出多么大的人生成本。也许等你达到目标的那一天，已经七老八十，油尽灯枯了，还能为社会做出多大的贡献呢？而如果我们树立了正确的人生目标，我们就会瞄准目标，直线前进，不必为迷失方向而徘徊不前，也不必浪费那么多宝贵的时光。

比塞尔是西撒哈拉沙漠中的一颗明珠，它靠在一块约两平方公里的绿洲旁。1926年，英国皇家学院院士莱文发现它之前，这地方没有一个人走出大沙漠。村里人对莱文说，无论朝哪个方向走都会转回来。比塞尔人为什么走不出去呢？莱文非常奇怪，于是他雇了一个当地人带路，看到底是怎么回事。他们走了10天，走了800英里，耗尽了所带的粮食和水，第11天早晨，一块绿洲出现在他们的眼前，他们果然又回到比塞尔。后来，莱文明白了，比塞尔人走不出沙漠，是因为他们根本不认识北极星，也没有指南针。

这个故事也告诉我们，在现实生活中，我们就是比塞尔人，要获得成功，只有信心、想法和勇气是不够的，还必须有一个正确的目标，只有这样，我们才能走出茫茫无际的人生沙漠，否则只能原地打转。

1953年，耶鲁大学对毕业生进行了一次有关人生目标的调查。当被问及是否有清楚明确的目标以及达到的书面计划时，结果只有3%的学生作了肯定的回答。20年过去了，有关人员又对这些毕业生进行了一次跟踪调查，结果发现，那些有清楚目标并制订了书面计划的3%的学生，在事业成功上远远高于其他97%的学生。

为什么3%的学生事业上能有所成功，而97%的学生事业上不能成功呢？其根本原因就是多数学生没有真正定下人生目标。只要有了目标，就有了奋斗方向，才能把远大理想化为自觉的行动。如果没有目标，对于一个人来说就是空耗人生。

翻开每一部成功人士的传记，循着每一个成功人士的足迹，你会发现，所有成功人士在青年时期都树立了一个正确的人生目标，当然了，他们离成功也就更近些。

时间对于每个人都很公平，那些制定了正确目标的人在有限的时间里做着他们认为有价值的事情，他们必定会取得成功。相反，那些还在迷茫或是定错了目标的人们，他们把大部分时间都用在了毫无意义的事情上，属于他们的时间也在一点一点地损耗，成功只会离他们越来越远。

第四章

心中谨记——有多少可以支配的时间

我们每个人的时间都不是永恒的，如何把握好一生的时间决定着不同的命运。我们可以拥有整个人生，却无法支配时间的长短。人生短暂，没有多少时间可以由我们支配，但本着人生的意义，我们可以在有限的时间里做出更多有价值的事情。本章将告诉你怎样才能成功地支配你那短暂的时间。

1 珍惜并节省时间是关键

时间是一个异常奇怪的个体。同样的时间对于不同的人们却有着不同的意义：对于活着的人们而言，时间就是生命；对于经商的人们而言，时间就是金钱；对于做学问的人们而言，时间就是资本；对于青少年而言，时间就是财富，是资本，是命运，是千金难买的无价之宝。

§时间匆匆如流水

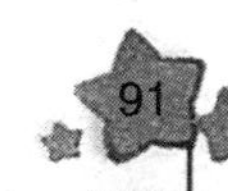

时间如白驹过隙，转眼间它就已消逝了，可是我们要做的事情还有很多很多。面对时间的不可停留性，我们在感叹时间匆匆的同时，是否付诸了行动?

举世闻名的“发明大王”爱迪生原本被人们认为是低能儿，但由于珍惜并节省时间，长大后却赢得了成功。他在一生中共发明了电灯、电报机、留声机、电影机、磁力析矿机、压碎机等两千多种东西，对改进人类的生活方式做出了重大的贡献。

“浪费，最大的浪费莫过于浪费时间！”爱迪生常对助手说：“人生实在太短暂，我们应该想方设法在最短的时间内完成更多的事情。”一天，爱迪生递给助手一个没上灯口的空玻璃灯泡并对他说：“你量一下灯泡的容量。”然后便低头工作了，过了许久，他问道：“容量是多少？”助手没有回答。他转身看到其正拿着软尺在测量灯泡的周长、斜度，并伏在桌子上计算测得的数字，于是就说：“时间，时间，为什么就费那么多时间呢？”然后他走过来，拿起那个空灯泡，向里面斟满了水，交

给助手，说道："把里面的水倒进量杯里，立刻告诉我它的容量。"助手在几秒钟便读出了数字。"这是多么容易的测量方法啊，既准确又节省时间，为什么你却想不到呢？按照你的方法，岂不是要白白浪费诸多时间吗？"爱迪生意味深长地说道。助手的脸在刹那间红了，爱迪生又接着喃喃地说："人生短暂，我们必须节省时间，多做事情啊！"

时间是世界上一切成就的土壤。你能像爱迪生那样节约时间，那么，你也会变成一个很有成就的人。

§ 珍惜并节省时间

"少年易老学难成，一寸光阴不可轻，未觉池塘春草梦，阶前梧叶已秋声。"在人的一生中，学习知识的黄金时间仅是 6 ~ 25 岁，若这 20 年用天计算的话，仅为 7300 天左右。"少壮轻年月，迟暮惜光阴"，因此，青少年应珍惜并节省每一秒的时间，只有这样，才能学有所成，有所成就。

"少壮不努力，老大徒伤悲。"伟人尚且如此，那么，作为青少年，更应该懂得珍惜并节省时间，如果能够做到这一点，时间将会以丰厚的知识回报你。一个人的生命是有限的；读书求学的时光更应该值得珍惜。

如果想要使自己"有所为"，必须"有所不为"。有些事情虽然在一生中应该做甚至是必须做的，但在此时却不应该做或根本没有必要做。对于青少年而言，主观上想要去做但现在不应该做的事情主要有贪玩儿、追求时髦和早恋等。

贪玩儿，是青少年的天性。虽然有些玩耍可以锻炼身体启迪智慧，譬如：象棋、扑克、麻将、台球不仅好玩，还容易使人上瘾；但对于青少年而言，学习是当前的主要任务，过于贪恋玩耍就会影响学习而不务正业。此时的他们应该把学习放在第一位，不被贪玩儿的恶魔所驱使，对于各种各样健康的娱乐活动，可以涉足，但绝对不能迷恋。在学习累了或掌握了应学的内容之后，适当地进行玩耍或参加一些体力劳动可以缓解大脑的疲劳。

爱美之心，人皆有之，但爱慕虚荣、追求时髦却是不正确的。“人最美的装饰是知识，是内涵。”对青少年而言，用知识、成就的光环装饰要比用脂肪或漂亮的服装装饰自己所产生的魅力大出几千倍甚至上万倍。如果他们只注意外在美，而不注重提高自身素质，只为能穿上“金利来”“老人头”而自豪，为骑不上“山地车”而苦恼，而不把学习放在主要位置，实在是既可笑又可悲的。关于美，培根的话语十分值得每一个青少年而思考：“就形貌而言，自然之美要胜于粉饰之美，而优雅的行为之美又胜于单纯的仪容之美。”

恋爱，历来被人们视为敏感的话题。青少年正处于学生时代，正是为一生事业奠定基础的黄金时期，若过早恋爱，将会舍本逐末，最终学习、事业、爱情多重耽误。此时的青少年生理尚未成熟，心理更未成熟，世界观和价值观尚未定型，前途也未确定甚至连起码的自立能力都不具备，爱情将附于何处？科学的进步、文化的发展使求知成为每一个现代人求生的先决条件。因此，青少年应牢记“没有登天本领，难与嫦娥相会”。一定要学会正确对待求知、求生和求爱的关系。有些青少年羡慕知识广博的专家与学者，于是自己也如饥似渴地学习各种知识。世界之最，天下奇观，三侠五义，南拳北脚，得到什么就看什么，学到的这些支离破碎的知识，不仅没有任何实际用途，还把记忆的口袋装得凌乱，影响正常的学习，这就是所谓的“精力流失”。

对于同一种知识，应先学习比较有用的；对于同样有用的知识，应先学习基础性和急用性的。对于青少年而言，课本上的知识，一般均属于工具性、基础性和急用性的，且为生存和发展所必需的知识。因此，基础知识作为学习的中心，应把它们烂熟于心，从而做到运用自如。

时间是最平凡的，也是最珍贵的，金钱买不到它，地位留不住它。“光阴似箭催人老，日月如梭趱少年”，时间如流水一般，一去不复返。因此，我们不能把宝贵的光阴虚掷，而应利用分分秒秒，珍惜并节省时间。

2 尽量不浪费时间

尽管每个人都明白：浪费时间是不应该的。可在现实生活中，几乎每个人都在做这件不应该做的事情。尽管时间的价码对于每个人来说是不一样的，如有些人的时间较为昂贵，而有些人的时间较为廉价，但浪费了时间就是浪费了自己的生命。因此，青少年要时时告诫自己：绝对不能浪费生命之中每一分一秒的时间。

§ 利用每一秒的时间

生活中总是能够听到很多青少年在抱怨，抱怨自己的不成功，抱怨自己的不得志，同时也在抱怨自己运气不太好，抱怨为何总是埋头苦干，成就却还是一般。其实，如果他们能够充分地利用了自己的时间和精力，绝对能够让自己的人生价值出现，并能够从众人里脱颖而出。一个成功的人绝对不会浪费哪怕一秒钟的时间，他们会把所有的时间都看成浪费不起的珍贵财富，甚至看作上天赐予自己的珍贵礼物。在现实生活中，将一一件事物看得如此神圣，又有几个人能够做到呢？

很多伟人成功的秘诀就是：惜时。“进化论”的创始人达尔文就是一个惜时如金的人，他总是将自己的日程排得满满的，从不错过每一分钟时间。达尔文曾说过一句话：“完成工作的方法就是爱惜每一分钟。”达尔文的妻子埃玛在回忆他的一生时说，他在写作《物种起源》一书时，经常昼夜不眠，从来没有哪一天的睡眠时间是超过5个小时的。即使在他身患重病生命垂危时，他仍然在坚持观察和记录植物的生长情况，直到临终前的两天。

是的，古往今来，一个伟大的人总是一个惜时如金的人。看过了伟人们对于时间的态度，现在的青少年是不是应该感到惭愧呢？他们之所以成功是因为付出了很多宝贵的时间。相对的，你们之所以不成功是因为没有付出。浪费时间和精力，往往会成为人生当中最大的悲哀之一，同时也是痛苦和失败的根源。

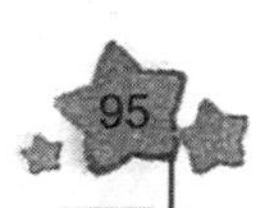

现在的青少年对于金钱极为吝啬，但对于自己的时间却常常挥霍无度，如他们经常熬夜，去上网，去泡吧……总之，吃喝玩乐似乎才是他们人生中的主题。这样的人，最终将为浪费时间而付出代价——一事无成。

一直以来，一个问题就一直被人们重复地问着，那就是：“生命的意义是什么？”看起来似乎这个问题对于青少年来说过于深奥了，但事实上它对任何人都是适用的，也是每个人都需要面对的。虽然它曾经难倒了历史上很多伟大的思想家，但它的答案是唯一的：“生命的意义不在于活的有多长久，而在于活的是否充实。”当然，也许有人会有不同的答案，但当你把答案呈现出来之后就会发现，你的答案始终都在上述答案的范围之内，归根结底，它们还是一样的。那么，如何才能活得充实呢？答案也是唯一的：利用每一分钟时间，做

有意义的事情。

§合理管理时间

时间就像一种不可再生的资源一样，失去了便不可再来，它既不能买卖，更无法相互转借，当然也不能储存，因此它的价值要高出人们的想象几千倍。如果青少年能够认识到时间的宝贵，一定不会让它轻易地白白流走。浪费时间，是生命中最大的错误，它常常具有人们难以想象的毁灭性的力量。有时候，机会就是蕴藏在被人们不经意间所浪费的时间中的，可我们却总是毫不留恋地从它旁边昂首走过。然后，原来的那股雄心壮志便被接二连三的迷茫所打击。

我国著名的数学家曾写过一篇文章，主题是“如何统筹安排时间”，其实这也是很多青少年都缺乏的一种能力。下面就来为大家介绍一下：如果现在想泡茶喝，但是没有开水，需要现烧，且茶壶和茶杯也需要清洗，那么具体该如何做呢？下面有三种办法：

办法一：将水壶洗好，然后灌上凉水，生火烧水；然后在等待水开的时间里，清洗茶壶和茶杯，准备茶叶；当水开后便可直接泡茶喝。

办法二：先清洗茶壶和茶杯，然后去拿茶叶，当一切准备工作都就绪之后，再将水壶灌满水，放在火上烧，最后等待水开泡茶。

办法三：将水壶洗净后灌上凉水，然后放在火上，坐下等着水开；当水开了以后再去找茶叶，洗茶壶和茶杯，最后泡茶喝。

三个办法中，哪种方法更节省时间呢？很明显，是第一种，它合理地运用了烧水的时间，而后两种却浪费了很多时间，其实这就是统筹安排。

也许青少年会觉得这太简单了，看一眼就能学会，但是懂归懂，做归做，很多人总是在不自觉中便运用了后两种方法。这就说明，他们对时间还是不够重视，因为如果足够重视，就会在任何时刻提醒自己如何才能更加节约时间。一位作家在谈到“浪费时间”时这样说：“如果一个人不能够争分夺秒、惜时如金，那么他的人生就不会获得巨大的成功……年轻的生命最伟大的发现就在于时间的价值……明天的幸福就寄寓在今天的时间之中。”

美国著名的高尔夫手阿尔福德曾说：“片刻的时间比一年的时间更有价值，这是无法变更的事实。时间的长短与重要性和价值并不成正比。偶然的、意想不到的五分钟就可能影响你的一生。但谁又能预料这个重要时刻在什么时候来临呢？”所以，不要浪费你认为不值得利用的时间，将它合理地利用起来，说不定你的人生会从此而发生改变。

3 不要把时间浪费在抱怨上

在现实生活中，我们常常会看到一些青少年在自己不如意的时候，最常做的、最容易做的是抱怨、发牢骚，似乎这样就能够使问题得到解决，事情会发生逆转。实际上呢？问题仍然在那里，你不去解决，它是不会随着时间的流逝自动消失的，逃避是解决不了问题的。而恰恰相反，你的抱怨只是在浪费时间，错失最好的解决时机。此时的你最需要做的就是，赶紧冷静下来，分析问题，积极寻找解决或者挽回的办法。

§与其抱怨，不如未雨先绸缪

有时候，或许我们会在大街上听到年轻人对着电话的那一头说：“抱怨真的很浪费时间，浪费自己也浪费他人的时间。虽然我没有经常抱怨，但是有一段时间我确实过得挺不如意的，是越想越不通的那一种，当时找玩得好的朋友聊天，竟然用了将近一个下午的时间才让自己的心情平复，呃！原来抱怨的效率如此之低！”再反过来想想我们自己，是这样吗？很多时候，时间就在这样的抱怨声中溜走了，然而在这其中青少年又有什么收获呢？

一天晚上，外面正下着大雨，猴子和癞蛤蟆坐在一棵大树底下，互相抱怨这天气太冷了。

“咳！咳！”猴子咳嗽起来。“呱—呱—呱！”癞蛤蟆也喊个不停。它们被淋成了落汤鸡，冻得浑身发抖。这种日子多难过呀！它们想来想去，决定明天就去砍树，用树皮搭个暖和的棚子。

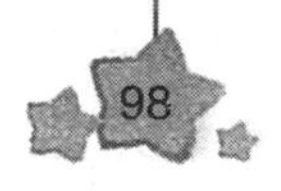

第二天一早，红彤彤的太阳露出了笑脸，大地被晒得暖洋洋的。猴子在树顶上尽情地享受着阳光的温暖，癞蛤蟆也躺在树根附近晒太阳。猴子从树上跳下来，对癞蛤蟆说：“喂！我的朋友，你感觉怎么样？”“好极了！”癞蛤蟆回答说。“我们现在还要不要去搭棚子呢？”猴子问。“你这是怎么啦？”癞蛤蟆被问得不耐烦了，“这件事明天再干也不迟。你瞧，现在我有多暖和，多舒服呀！”“当然啦，棚子可以等明天再搭！”猴子也爽快地同意了。它们为温暖的阳光整整高兴了一天。傍晚，又下起雨来。它们又一起坐在大树底下，抱怨这天气太冷，空气太潮湿。“咳！咳！”猴子咳嗽起来。“呱—呱—呱！”癞蛤蟆也冻得喊个不停。它们再一次下了决心：明天一早就去砍树，搭一个暖和的棚子。可是，第二天一早，火红的太阳又从东方升起，打的洒满了金黄色。猴子高兴极了，赶紧爬到树顶上去享受太阳的温暖。癞蛤蟆也一动也不动地躺在地上晒太阳。猴子又想起了昨晚说过的话，可是，癞蛤蟆却说什么也不同意：“干吗要浪费这么宝贵的时光，棚子留到明天再搭嘛！”就这样，每天都是“日复一日”，经过很长一段时间情况都没有发生丝毫的变化。癞蛤蟆和猴子还是一起坐在大树底下呻吟，抱怨这天气太冷，空气太潮湿。“咳！咳！”“呱—呱—呱！”

青少年们，从这则小故事上不难看出，与其抱怨天气的不好，不如停止那没用的抱怨，在阳光明媚的日子中搭建一个舒适的窝。不要把明天变为逃避今天的心灵寄托，明天的到来会因为你的懒惰导致更困惑的现状。抱怨会因为借口的到来赶走机遇；拖延会因为借口的到来颓废生命。

做事应该未雨绸缪，居安思危，只有这样，在危险突然降临的时候才不致手忙脚乱。很多青少年会有这样的抱怨：“书到用时方恨少”！平常若不充实学问，临时抱佛脚是来不及的。也有些青少年抱怨没有机会，然而当升迁机会来临时，再叹自己平时没有积蓄足够的学识与能力，以致不能胜任，也只好后悔莫及。

§时间不会因为你的抱怨而休止

美国著名的作家杰克·坎菲尔说：“要是你想获得真正的成功，那么，你就得和抱怨、发牢骚说再见，为你的人生负起全责来——不仅为你的成功，也为你的失败，负起责任。这是创造成功人生的首要条件。”杰弗逊说：“从不浪费时间的人，没有工夫抱怨时间不够。”由此可见，抱怨不仅是一件浪费时间的事情，还是阻碍我们通往成功的绊脚石。抛掉你抱怨的思想，停止你抱怨盼话语吧，抱怨是于事无补的，抓紧时间去做该做的事情才是最重要的。

有一对兄弟，他们的家住在80层楼上。有一天他们外出旅行回家，

发现大楼停电了！虽然他们背着大包的行李，但看来没有什么别的选择，于是哥哥对弟弟说，我们就爬楼梯上去！于是，他们背着两大包行李开始爬楼梯。爬到20楼的时候他们开始累了，哥哥说“包太重了，不如这样吧，我们把包包放在这里，等来电后坐电梯来拿。”于是，他们把行李放在了20楼，轻松多了，继续向上爬。

他们有说有笑地往上爬，但是好景不长，到了40楼，两人实在累了。想到还只爬了一半，两人开始互相埋怨，指责对方不注意大楼的停电公告，才会落得如此下场。他们边吵边爬，就这样一路爬到了60楼。到了60楼，他们累得连吵架的力气也没有了。弟弟对哥哥说，“我们不要吵了，爬完它吧。”于是他们默默地继续爬楼，终于80楼到了！兴奋地来到家门口，兄弟俩才发现他们的钥匙留在了20楼的包包里了……

仔细想来，这不是反映了一个人的一生吗？20岁，40岁；60岁……20岁之前的自己不够成熟、能力不足，因此步履难免不稳。20岁之后，开始全力以赴地追求自己的梦想。40岁的时候发现青春已逝，就产生许多的遗憾和追悔，于是就在抱怨中度过了20年。到了60岁的时候，发现人生已所剩不多，明白了不能再抱怨了。到了生命的尽头时才想起自己好像有什么事情没有完成，原来，所有的梦想都留在了20岁的青春岁月，还没有来得及完成。

青少年朋友们，想想现在的自己：充满着理想、充满着热情。那就去做你自己想做的事吧！人生短短数十载，把握现在才是最重要的。

现在拥有的，也许在你自己眼里不算什么，但在那些目前状况比你差的人看来，他们会羡慕你的拥有，羡慕你的年轻。虽然你离自己理想的那个目标还有很大的差距，但是只要你脚踏实地地去做，就会实现的。珍惜你现在拥有的，少去抱怨。因为抱怨是最无能的表现，更于事无补。所以不要再说你没有才能一无是处；你缺少环境没有机遇；付出了，但结果不如意。你要知道一棵笔直的树在木匠眼里也是一块好材料。不要抱怨，以你的努力，创造美好的明天！

4 生气抢了你的时间

在现实生活中，很多青少年都会遇到这样的情况：为一点芝麻绿豆大的小事而耿耿于怀。其实，这是一种固执的表现，他们太固执于自己的坚持与信念，甚至近于为迷惑。结果让自己的身心感到疲惫，也没有得到理想结果。所以，不妨放下一些不该背在身上的包袱，让自己轻松一点不是更好吗？人生中还有许多更加重要的事情等着青少年去扛，为生气而浪费时间实在是太不值得。

§ 生气是在浪费自己的生命

由于青少年身心发育还不成熟，因此遇事更容易想不明白，也就更容易将自己困在一个陷阱里面苦苦地思考和探索，但最终却不能得出一个令自己满意的答案。其实，只要他们打开心扉，就会发现所有的问题都将不再是问题，青山绿水依旧是那么美好，周围的人依然是笑容满面，改变的只是自己的内心而已。

从前有一位妇人，她总是为一些琐碎的事情而生气，虽然丈夫每天早出晚归地奔波，但她还是嫌日子过得太清苦。她有一个可爱的儿子，长得虎头虎脑的，可她却觉得儿子每天只知道玩，长大了一定没出息。总之，在旁人看来根本无关紧要的事情她却总是不胜其烦。其实她自己

也知道，这样不仅对家人没有好处，对自身也是不好的。于是，她来到寺庙中找到一位高僧，想请他使自己开阔胸怀。

当高僧听完妇人的诉说之后，一言不发，只是将她带进了一座禅房，更奇怪的是，高僧还将房屋反锁，只把妇人一个人单独留在屋里。妇人看到这一幕十分生气，在屋中暴跳如雷，甚至还将全寺院上下的人都骂了个遍，但骂了许久，也无人前来搭理她。于是妇人便开始苦苦地哀求高僧，但高僧同样也置若罔闻。终于，妇人发现自己已经无计可施，慢慢地沉默了下来。此时高僧来到了房外，问道："你现在还生气吗？"妇人回答说："我只是生我自己的气，怎么会来到这种地方受气？"高僧听后说道："你连自己都不肯原谅，又如何能够做到心如止水呢？"于是高僧再一次拂袖而去。又过了一会儿，高僧再一次来到房外，问道："你还生气吗？"妇人答道："不气了。"

"为什么呢？"

"气有什么用呢，反正也解决不了问题。"

"其实你的气还是没有消，只不过你把它强压在心底了，爆发后会更加剧烈。"说完，高僧又离去了。

当高僧第三次来到房门前时，妇人对他说："我不生气了，因为不值得，用这些生气的时间我还不如多做一些有意义的事情。"高僧欣然笑道："你已经真正领悟到了。"

这则故事告诉人们，生活中其实有很多事情都不值得去生气。生气不仅让自己饱受折磨，同时也是在浪费自己的宝贵人生，对于现在的青少年来说更是如此。人生是短暂的，在这短暂的几十年时间里，青少年时期无疑是人生当中一个极为重要的时期。因此，青少年一定要把握和利用好这转瞬即逝的青春年华，不要让生气占去了自己的大量时间而使自己遗憾终生。

§ 生气是惩罚自己的愚蠢表现

生气是对自己不负责任的表现，更是一种惩罚自己的愚蠢行为。人生在世，谁都会或多或少地碰上一些不如意的事情，那么如何让自己顺利地度过这个坎儿，则是一种考验。假如人人都用生气来发泄的话，那么就会丧失很多机会，甚至让自己付出惨重的代价。

这是一则寓言故事。有一种味道十分鲜美的鱼类，生活在北方的河流中，平时由于河面上常有水鸟掠过，因此它们为了保证自身的安全，很少会游到水面上来。这种鱼有一个很有趣的习惯，那就是喜欢在桥的下面打转，尤其是喜欢绕着桥墩嬉戏。不过，由于水流比较湍急，有时候难免会碰在桥墩上。这一天，一群鱼又在桥下游玩，其中一条鱼一不小心便撞在了桥墩上，它顿时感觉眼冒金星，立刻就昏了过去。等它醒来的时候，心里十分生气，它认为是那个桥墩弄疼了它，不禁大为光火。它生气桥墩过于密集，生气水流得太急，还生气自己在同伴面前丢了面子，等等。于是，它张开两鳃，竖起高高的鱼鳍，将肚皮气得圆鼓鼓地浮在水面上，然后徘徊在桥墩周围，久久不肯离开。就在这时，一只水鸟从河面上飞过，它一眼就看到了这条漂浮了水面上的鱼，于是一把抓住它，享受了一顿丰盛的午餐。

这条鱼只是因为被桥墩撞了一下，却因此丢了自己的性命，实在是不值呀！可是在现实生活中，像这条鱼的人又岂是少数呢？尤其是现在的青少年，他们总是觉得很多事情都让他们“气不打一处来”，因此总是在一方面尽量节约时间，另一方面又总在无缘无故地浪费时间。当你看到自己的第一名地位被其他同学取代了，也许你会气上半天；当你受到了老师的批评时，也许你会气上半天；当你在学习的过程中碰到了拦路虎，可费尽了九牛二虎之力后，还是无能为力时，也

许你会气上半天……但不管是哪种情况下的生气，都有一点是可以肯定的：那就是生气就是在浪费时间。试想，如果你将生气的时间用在努力钻研上，也许你的第一名桂冠会物归原主，也许拦路虎对你俯首听命，也许老师会在你身上看到新的希望。这样的结果，不是很好吗？

因此，当青少年想要生气发火时，不如自己问一下自己：这件事情值不值得生气？生气能不能解决问题？生气会带来什么样的后果？有没有其他的方法可以代替？……相信问过了这一系列问题之后，心里的怨气已经消了一半。

如果生气也是一种商品，那么绝对不会有人掏钱去买它，即使价钱再低。但是在现实生活中，人们却总在支付大量比黄金还要宝贵的时间用来生气，用来让自己不舒服，这岂不是十分不值得吗？

5 后悔是成功的绊脚石

很多青少年常常为已经发生而又不该发生的事情自我埋怨，自我谴责，活在内疚的痛苦中。这种表现就是我们所说的后悔。世上没有后悔药，所以会让他们觉得更加的痛苦。

在漫长的人生道路上，谁没有一点过失呢？人们都会因这样或那样的过失，带来某种悔恨的心情。如果后悔之后能很快从痛苦中解脱出来，那是一种智慧。怕就怕那些陷入悔恨的泥潭中不能自拔的人。他们甚至失去了走向未来生活的信心。这种心态不仅妨碍了我们的身心健康，也丧失了对美好未来的追求。后悔是一种耗费精神的情绪，后悔是比损失更大的损失，比错误更大的错误所以不要后悔。

§不要为打翻的牛奶而哭泣

一个人也不要为没有取得预期效果的努力而悔恨。我们在办一件事情之前，总不可能准确地预测到究竟能否成功，我们总不能等把未来的一切前景都看清楚了，有了足够的把握时才开始行动，只要尽力而为，即使某些努力没有达到目标，这种努力依然是值得的，无须后悔。

美国一位教师曾用一个很形象的事例来教育学生摆脱徒劳无益的悔恨，在课堂上她将一只装满牛奶的瓶子朝地上猛摔下去，瓶子破碎了，牛奶流了满地。她告诉学生："你们可能对这瓶牛奶感到惋惜，可是这种惋惜已经无法使这瓶牛奶恢复原样了。因此，在你们今后的生活中发生了无可挽回的事情时，请记住这摔破了的牛奶瓶。"这位教师道出了一个生活哲理：如果明知错误已经形成，而且无可挽回，却偏要去挽回，这样做是徒劳无益的。

破碎的牛奶瓶却恰如其分地使我们懂得了：过去的已经过去，不要为打翻的牛奶而哭泣！生活不可能重复过去的岁月，光阴似箭，来不及后悔。要知道"往者不可谏，来者犹可追"。错过了就别后悔，后悔不能改变现实，只会消弭未来的美好，给未来的生活增添阴影。

青少年们，当你们因失误而后悔时，重要的是要在悔中求悟，要弄清楚自己办错事的原因何在，今后应如何避免，这样的后悔才有意义，也不会陷入悔恨的泥潭。因为这种深思反省不是老是纠缠于过去，而是要学会原谅自己。以一种豁达的胸怀面对以后，面对人生。

与后悔绝缘是一种人生很高的智慧。人生之路不能重走，如果走错了某一步，也不要再后悔。与其在后悔的情绪里消磨意志，不如以晴朗

的心境对待当前的每一件事情。

§ 莫让后悔成为绊脚石

人生无悔，这是人生中最大的一句谎言。因为一个人不可能一生不做错事，做了错事，不后悔，又怎么能改正呢？悔改，悔改，先悔后改。可见，后悔是改正错误的前提。没有后悔，就达不到真正意义上的改正，后悔可以给人带来“悔中醒悟”的好处。

早在20世纪50年代，王元已经成为我国数学界的著名人物。他对哥德巴赫猜想所作出的杰出贡献即他证明的2+3为陈景润最终证明到1+2起了重要的铺垫作用。此外，他与恩师华罗庚先生一同创造的“华王之法”被国际数学界一直沿用至今。他们多年的师生合作可谓中国现代数学史上的一段佳话。

但是，在“文革”中，有很多人曾经在政治压力下，违心地批判过自己的师长，或与被打成反革命的父母公开划清阶级界限。王元也经历了这段痛苦的心灵体验。

在一次批斗会上，造反派勒令王元必须在大会上发言，批判自己的导师华罗庚。王元知道如果拒绝发言，就可能会被打成反革命。面对强大的政治压力，他推辞自己写不了批判稿，只能由别人写，自己上台念一下。没想到造反派真的找人来代笔，让王元读下去。无奈之下，王元只好当众读了一遍批判稿。

王元深知此事对恩师心理的冲击。在心灵深处，他把自己做过的这件事情叫作“背叛”。他愧悔于自己的屈从，一直不肯原谅自己。此后，他再也不像过去那样去恩师家了，即使遇到恩师，也总是想方设法躲开。许多年后，华罗庚先生出访归来，给王元带回来国外数学界关于“华王方法”的论著，两个人才重新走到一起，继续他们的合作。

但是，两个人面对面时，无论是老师，还是学生，都从不提“批斗会”这件事，二人不约而同地保持缄默，连一个字也没有。

华罗庚辞世以后，王元先生为恩师写了一本传记。王元先生用传记的方式来消弭自己内心的愧疚。王元先生说：“这件事情，我觉得一个人做错了、自己知道后改正就算了，不要求他人的原谅。要求人家原谅是不对的。事情本身你已经做错了，凭什么要人家原谅你？人家已经很痛苦了。你还要为了传记，非要人家原谅不可，人家将会第二次受痛苦。”

王元先生用其独特的方式，原谅了自己。在王元先生意识到事情已经错了，后悔也无法挽回当年发生的事情时，他给了自己一个博大的胸怀，在没有征得对方原谅的时候鼓起勇气原谅了自己，否则将不会再看见二位老人的合作。

用正视真相原谅自己，就会得救，就会解脱。人生没有十全十美，如果你发现错了，重新再来。别人不原谅你，你可以自己原谅自己。千万不要沉浸在后悔的痛苦中不能自拔，用一个错误去掩盖另一个错误。

有一首诗，大意是：“我来到一个十字路口，有两条路在面前，一条很多人走过，一条荒僻狭窄，我知道只能选择其中一条，而且，无论选择哪一条，以后都不可能回到同一个路口。”人生就是这样，没有时间后悔！有时间后悔不如行动起来。人生中总会留下一些遗憾、一些后悔，既然已经后悔，已经留下了遗憾，那就努力地把握现在，撑起以后，让以后的生活少留下后悔与遗憾，不要让后悔成为你的绊脚石。

世界上没有后悔药，后悔是在时间后面的懊悔，事件与时间相随，时间流逝是不可逆转的，鼓起勇气面对以后的生活才是最重要的。

6 莫让空虚占用时间

长时间地呆坐在电脑前，漫无目的地望着四周，脑海里一片空白，落入眼帘的是那四周不变的景物。一切都那么疏远，当心底感到空空荡荡的时候，一切都和自己拉开了距离，而且随着空虚的膨胀，与事物的距离也就越来越远。这是人在空虚时的表现，时间往往在人空虚的时候悄悄流逝，一旦从空虚中解脱出来，就会自责什么都没做，这样实在很浪费时间。

§远离空虚

人生的众多痛苦莫过于空虚，空虚是一种最直接、最无助的痛苦，而不思追求、无所事事造成的空虚会让人在痛苦中无法自拔。因为不思追求，失去了人生的奋斗目标，不会再有奋斗的乐趣和成功的欢愉。因为无所事事或不愿做事，突然会觉得生活很无聊，心灵空乏虚无得好寂寞。时间使懒惰的人感到空虚，使勤奋的人感到充实。若青少年身边没有释放的出口，空虚只会加倍弥散。

本杰明·卡斯坦特是法国历史上最具天赋的人之一。凡是对他稍有了解的人都知道他天资聪颖、智力非同一般，是一位上天心存眷顾的天才。在很小的时候，他就能吟诵诗歌，而且几乎过目不忘，对那些读过的诗歌他总是有一套自己独特的见解。当其他同龄孩子刚刚学会背诵几首儿歌的时候，本杰明·卡斯坦特已经在写作方面崭露头角。在十几岁的时候，他就以出色的文才而名震人才济济的法国文坛。他才思敏捷，文思犹如泉涌，下笔洋洋洒洒，当时的很多文人墨客都以一读他的作品而感到荣幸。

本杰明·卡斯坦特本人寸分喜爱文学，他抱负远大，曾经立志要写出一部万古流芳的巨著。以他的才华和智慧实现这一愿望本来没有太大的悬念，可是到本杰明·卡斯坦特的一生匆匆结束之时，他也没有完成这样一部巨著。究竟是什么使志向远大而又博学多才的本杰明·卡斯坦特没能完成自己的夙愿呢？原因还需要从本杰明·卡斯坦特自己身上寻找。

虽然少年时代的他受尽了周围人的尊宠，并且被当时的许多文豪所看好，但是到了二十岁以后，本杰明·卡斯坦特开始对任何事情都不感兴趣。尽管他只要一会儿的工夫就可以通读几本书，但是他却再也不愿意从任何一本书上汲取知识，因为他觉得书上写的那些东西他早就读懂了。虽然他曾经志向远大，想要写一部万古流芳的巨著，但他却不愿意付出努力，他觉得完成文学巨著需要花费的时间太长，而且他也没有那种耐性和精力。由于本杰明·卡斯坦特成天闲游浪荡，凭借天才般的头脑看不起任何人，而他自己又没有取得任何有实际意义的伟大成就，所以人们不再看重他，而是嘲笑他一事无成，再加上本杰明·卡斯坦特本人每日放纵自己，不顾名声和尊严，一味地出入赌场和色情场所，所以在社会上早已声名狼藉，很多有身份的人都不愿意与他为伍。

在本杰明·卡斯坦特意识到自己面临的处境时，他高呼："我就像地上的影子，转瞬即逝，只有痛苦和空虚为伴。"他还说自己是一只脚踩在半空中的人，永远无法脚踏实地。

精神上的空虚远比肉体上的磨难痛苦更刻骨铭心。精神，即灵魂，是人肉体的支柱。空虚好比一台裸机，所有灵魂的空虚问题，是现实的、残酷的、每个人所必须面对的。倘若青少年一直地空虚下去，换回的只是碌碌无为的人生。鲁迅曾经说过："真正的猛士，敢于直面惨淡的人生，敢于正视淋漓的鲜血。"如果你有了这样的勇气，空虚不会靠近你。

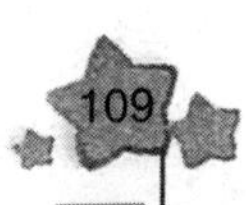

社会在不断发展，在价值观多元化的时代里，功利主义的价值观加上精神信仰的缺失，使得人们在面对挫折时比较容易感到空虚和苦闷。很多青少年为了填补这种心理上的空虚，沉迷于网络虚拟的世界，希望得到心灵的释放。网络世界的丰富多彩满足了他们排解内心压抑的需要。在网络这个虚拟的世界中，他们可以暂时忘记现实中的种种压力。当我们的情感和思想在虚拟的网络世界里得到充分宣泄之后，我们终究还得回到现实中来。此时，那种人生的孤独感和空虚感会更加浓重。脱离了现实世界，也就脱离了现实当中人与人的交流，所以他还是孤独的。孤独的人更容易空虚，不仅麻木他们的肉体，还折磨着他们的灵魂。战胜空虚，赢得真实；逃避空虚，受其折磨，这是人们面对空虚的两种态度。

青少年们，面对这种情况，你是否在茫然地等待？其实，人的情感、思维和行为是相互关联的，一者动，三者皆动。三者中，最易于自我控制加以改变的是行为。因此，当我们有了这种情绪的时候，通过主动改变自己的行为而间接主动地改善自己的情绪。如果你认为很难做到这一点，就去避免这种情况的发生。其中一项就是不要让自己脱离群体。

§ 战胜抑郁

有一次，神问一只被囚在笼中的鹦鹉：“你愿意到天上去生活吗？”“为什么要去那里呢？”鹦鹉问。“天上明亮宽敞，不愁吃喝。”“可是我现在也很好啊。我吃喝拉撒，全由主人包办，风吹不着，雨打不着，还能天天听见主人说话、唱歌。”鹦鹉回答。“可是，你自由吗？”听了神的话，鹦鹉沉默了。

于是，神以胜利者的姿态，把鹦鹉带到了天上。他把鹦鹉安置在翡翠宫里住下，便忙别的事情去了。

半年后，神突然想起了鹦鹉，便去翡翠宫看望它。他问鹦鹉：“我的孩子，你过得还好吗？”鹦鹉答道：“感谢上帝，我活得还好。”“那么，你能谈谈在天上生活的感受吗？”神恳切地问。鹦鹉长叹一声，说：“唉，这里什么都好，只是没有人和我说话，使我无法忍受。您还是让我回到人间吧。”

听了鹦鹉的话，神不禁大为感慨：若是没有相互交流和相互欣赏，即使给你一座天上的宫殿，也注定找不到快乐与自由的感觉。

青少年们，当你快乐的时候，如果这种快乐没有人与你共享，你是否会感到一种欠缺。不要让自己孤独。我们也可以通过别的方法来远离这种情绪。比如，找一件以前一直很喜欢但已经很久未做的事情，制订一个切实可行的计划并完成它，逐渐增加生活中有意义的活动。你会发现：随着活动的增加，你对生活的兴趣会逐渐恢复。

在你们制订一个切实可行的计划时，要对目标有精确的定义。只有目标明确了，才能判断是否达到了目标。要把行动计划划分成足够小的步骤，确保一定可以完成。千万要记住，用自己的行为定义是否成功而不要有情感成分。因为在这个过程中，重要的是做，而不是你在做的过程中的感受。在抑郁状态下，你很难从任何活动中得到愉快的感觉。情绪会受到行为的影响，但这种影响并不是即刻起作用的，需要一定的时间。因此，如果你一定要感到愉快才算是成功，那么，你很可能会失败。

你会空虚是因为没有找到自己的位置，找不到做事情的动力，等你找对位置就不会空虚了。相信你一定会战胜抑郁，生活得多姿多彩。

烦恼被快乐取代，空虚被工作填充，人自然而然就充实而快乐了。青少年千万不可整天待在一个烦闷抑郁的心境中，不仅浪费宝贵的时间，而且还一无所获。

7 不切实际的空间让时间悄然溜走

人们常说：一个人没有了目标，便失去了前进的动力。的确如此，人生最大的悲哀在于，不知道自己到底要做什么，常常在人生的十字路口不断徘徊。或许正因为如此，拿破仑才会说出“不想当将军的士兵不是一个好士兵”的话语。当然，有目标是值得赞扬和提倡的，但是定目标时需要建立在现实的基础上，不切实际的想法只能让人们目空一切，从而远离自己的目标。

§ 好高骛远，浪费时间

有目标才会有动力，有动力人们才能有奋发的精神，对于青少年来说，为自己设定一个合理的目标，无论是对学习还是对工作，都是大有好处的。但是，如果这个目标太过于不切实际，那么即使再努力也实现不了。所以说，不切实际的目标实际也是浪费时间的一种“途径”。因为在这些努力的过程中，你并没有创造出多少的价值，反而却容易被目标所累。

林肖是一个高三的学生，一直以来他的学习成绩都还算优秀，按理说只要他再加把劲儿，考上一所国内的一流本科院校是不成问题的。但林肖是一个非常要强的男孩子，由于当时学校里流行起一股留学热，他身边的很多同学都想到外国求学，再加上林肖的家庭条件也不错，因此他也萌生了这样的想法。但事实上，这个目标对于林肖来说显然有些不切实际。

林肖把英国著名的剑桥大学作为了自己首选学校，众所周知，这是一所国际上一流的名牌大学，世界上优秀的教授和学子都集中在这里，因此对外国的留学生要求也非常严格。仅要求申请者所学的专业要好，在各方面还必须具备很高的能力，而英语是首要关卡。林肖的家人和同学都劝他申请一个要求相对较低的学校，但心高气傲的林肖没有听取他们的建议。为了让自己能在雅思考试中获得很好的成绩，他还报考了英语专业八级，但他的英语成绩还远远没有达到这个水平。

在考试过后，结果可想而知：林肖的听说读写几乎全军覆没。这样一来，他的出国梦也随之破灭了。由于为了准备雅思考试浪费了太多的时间，林肖的其他课程也耽误了许多，可此时已经快要到高考的时间了，因此高考也没能考出理想的成绩。最终，他只考上了当地一所二流的大学，直到现在，林肖想起来还后悔自己当初的年幼无知。

其实，林肖的例子特别具有典型性，他所犯的最大错误就在于好高骛远，被不切实际的目标绊住了双脚。在现实生活中，像林肖这样的青少年不少，他们总是眼高手低，不把近距离的目标放在眼里，不屑于做一些小事情，结果只能惨遭失败，连最起码的事情也没做好。远大的成功从何谈起。

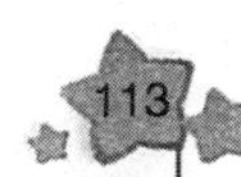

§ 志大才疏，原地徘徊

制订目标，看起来是一件非常简单的事情，但实质上却并不容易。如一个有志向的蚂蚁，它的目标是把自己变成最优秀的蚂蚁；而一个有理想的狮子，它的目标应该是把自己变成最优秀的狮子。如果蚂蚁想要变成狮子，那可就真是痴心妄想了。

尤其是很多青少年容易浮躁和盲目，看不清实际情况，往往会低估或高估自己的能力。制订的目标过低，人生可能会留下些许遗憾，白白

浪费自己大好的年华；制订的目标过高，只怕是心有余而力不足，照样还是浪费时光。那么，如何制订目标才能保证充分地利用时间，又能充分发挥自身的潜力呢？

青少年应该依据以下几点来为自己制订目标：

问问自己想做什么。这是人生一个方向性的大目标，千万不能含糊地应付了事。由于受到很多新潮思想的影响，如今的青少年总是很多变，目标不够坚定，一会儿想做这个，一会儿又觉得那个也不错，于是转来转去什么也没做成。因此，在制定目标之前一定要先问问自己的心，到底想什么？确定下来后就不要轻易更改，然后奔着这个目标不断地努力。

看看自己能做什么。俗话说，有志者，事竟成。这使得很多人都认为，只要有雄心壮志，有干劲儿和毅力，就能够到达目标。其实这种想法是十分偏激的，当然上述诸多良好的品质都是不可缺少的，但如果自身没有足够的实力，干劲儿再足也是枉然。因此，青少年还要看看自己，究竟能做什么？在评估中还要切实考虑自身的不足，如此才能引起自己足够的重视。其实在每个人的潜意识里，都能够将自己看得很透彻，这是一种深埋在人内心深处的东西，只不过平时不容易感受到而已。

此时青少年应该将自己想做的和能做的做一下比较，看一看目标是否相同或是接近，当然有差距也是不可避免的。只要这个差距通过适当的努力是可以消除的，但如果差距太大，青少年则要重新思量，一味地坚持只能是自找麻烦。

曾经有人这样说：真正的道路是在一条绳索上，它不是绷紧在高处，而是贴近于地面的。因此，与其说它是供人行走的，倒不如说它就是用来阻碍人们前进的，只有当人们被绊倒后，才能发现道路的价值。这句话是对好高骛远者最好的忠告。

总之，人不能一口吃成个胖子。青少年想要让自己的人生达到一个大的高度，就必须脚踏实地，先让自己达到一个小的高度，拉近了差距，大的目标实现起来才会更容易。假如你总是踌躇满志，可实际上却志大才疏，缺少实现目标的实力，那么只会总是使自己与目标遥遥相望，就连本身所具备的价值也无法充分发挥。此时，最有价值的时间已经悄悄溜走，而你却依然还在原地徘徊。

8 冲动让你用时间来弥补

人是感情动物，一时冲动也是在所难免，对于身心发育还未成熟的青少年来说更是如此。一旦冲动起来，人的大脑就会随着自己的感觉走，根本不管会造成什么样的后果，或者说即使出现了严重的后果也在所不惜。当冲动过后，回头看看才发现自己已经制造出难以收拾的局面，而此时却没人能帮得了你。于是，只能用更多的时间来收拾这个残局。

§ 珍惜千金难买的时间

冲动是人生中最大的魔鬼，它会毁掉所有属于你的美好。虽然大多数人也都知道冲动不是一件好事情，有时甚至会让自己陷入无底的深渊，可是在某个特定环境内却是不会想到这些的，结果只能是自己酿下

的苦果自己来品尝。因此，青少年珍爱时间，就应该如同珍爱自己的金钱和生命一样。

一个小男孩见到了上帝，天真地问："一万年对于你来说，有多长？"上帝笑了笑，回答说："一万年短的就像一分钟一样。"小男孩又问道："那么，一百万元对于你来说，又有多少呢？"上帝又回答："孩子，它就是一元钱一样。"小孩子接着又问道："那你能给我一百万元钱吗？"上帝说："哦，我的孩子，我当然可以给你，不过前提是你需要给我一分钟来交换。"

这是一个十分简短的寓言故事，但其所蕴含的寓意却十分深刻，它告诉人们：时间是千金难买的，哪怕只是一分钟那么短暂。可是在现实生活中，很多青少年却总在抱怨，自己的人生没有前途，没有方向，没有资本。殊不知，时间是最好的前途，是最明确的方向，也是最大的资本。只要他们不会总是用冲动来付出大量宝贵的时间，一切都可以走上正轨。遗憾的是，大部分人对这个道理并没有透彻地理解，或者说虽然理解了但并不重视。他们总是在重视金钱和名利，却忽略了比金钱和名利更加贵重的东西——时间。

生命总是在和时间赛跑的，时间老人的脚步从来不会为了谁而停留一分钟，但我们的生命却总会在某个不经意的时候停顿下来。所以，为了让自己的生命更有价值，也为了让自己的人生更有意义，青少年不要轻易停下追赶时间的脚步，即使你无法追得上时间，但是你的人生也会因此而显得与众不同。

§ 冲动让你用时间来弥补

为工作而付出时间，那是走向成功必须付出的代价；为了欢笑而付出时间，那是获得乐趣而付出的代价；为汲取新知识付出时间，那是打开幸福大门所付出的代价；为思考付出时间，那是积累力量而付出的代价；为了梦想而付出时间，那是实现人生价值而付出的代价。但是，千万不要为冲动而付出时间，因为这既不值得也没有必要，它会让你后悔终生。为了冲动而浪费时间，是一件十分可悲的事情，它甚至比任何事情所付出的代价都要沉重。

李亮是一名高二的学生，学习成绩十分优异，是老师和同学们眼中的尖子生，同时也是学校的重点培养对象。有一次，在期末考试中，李亮又一次成为全班的第一名，为了庆祝这件事情，寒假期间李亮邀请了十几个平常在一起玩得比较好的同学，来到自己家里做客。热闹的聚会结束之后，同学们都陆陆续续地回了家。这时李亮的表弟（姑姑家的儿子）才发现，他心爱的数码相机不翼而飞，于是便将这件事告诉了李亮的爸爸。李亮的爸爸觉得是因为儿子邀请了这么多同学来，才会出现这样的事情，再加上表弟毕竟是客人，所以就狠狠地训了李亮一顿。之后，为了表示歉意，李亮的爸爸还拿上了2000块钱送表弟回了家。

如果事情到此结束，那么悲剧就不会发生了。李亮本来就是一个争强好胜的人，此时他对表弟痛恨在心，一心只想报复。第二天，他便来到了姑姑家里，刚好姑姑和姑父都不在家，李亮二话没说就拿着昨天爸爸打自己的绳子将表弟活活勒死。之后，他还装作若无其事地回了家。当晚，李亮便被警察抓了起来。得知了事情的真相之后，李亮的爷爷心脏病突发抢救无效，其姑姑也遭到了姑父的痛恨，最终导致家庭的支离破碎，而李亮也被判了15年的有期徒刑。

李亮一时的冲动，造成了两个人死亡，一个家庭破碎，自己也为此付出了沉重的代价。只是因为一瞬间的错误想法，李亮就需要用漫长的15年来偿还，而这15年恰恰是他人生当中最为精彩的时候。如此高昂的代价，不知道李亮是否会因此而清醒。如果当初他想到过这样的后果，那么他还会继续吗？不管怎样，事情已经发生，但愿天下的青少年能够以此为鉴。

人生的路是坎坷而又漫长的，而青春期的路更是崎岖不平的，青少年只有在珍惜现在的同时，把目光放得更长远一些，才能够看清楚脚下的路，才不会被路上的困惑与冲动所阻拦。

好花不常开，好景不常在。其实从某个角度来说，青少年时期也是人生当中一个宝贵的"好景"，而这个"好景"只有短短的十年左右，如何才能让这个时期看起来更加饱满一些，更加有活力一些呢？在这里给青少年一句忠告：珍惜现在，把握当下，冲动的时候想一想后果和将要为此可能付出的代价！

对于青少年而言，如果你已经因为一些小小的冲动而浪费了很多时间，那么不要再做无谓的惋惜，因为失去的固然宝贵，但尚在你手中握住的时间更加宝贵。因此，正确的做法应该是即时播种，努力抓住现在的时间，只有这样，才能收获青春。

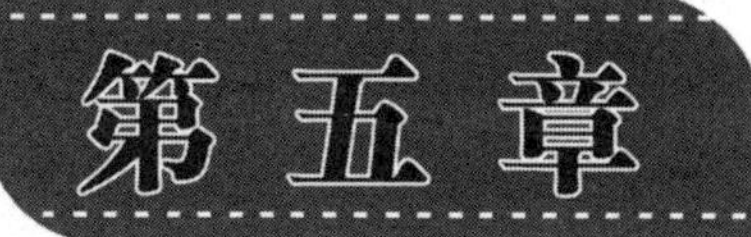

第五章

严以律己——莫让坏习惯吞噬了时间

在现实生活中，有些青少年时常这样抱怨道：“我也想好好学习，我也想把每一件事情做得更好，但我哪有那么多的时间与精力呀?”对此，你是持一种怎样的观点呢？事实上，没有谁生来就比别人差，别人能做到的，你也同样能够做到。你之所以没有时间，只是由于你的诸多行为将你的时间侵占了，譬如：做事拖拖拉拉、没有明确的目标、不注意细节等等。也就是说，不是你没有足够的时间与精力，而是坏习惯吞噬了你的时间。

1 人生无目标计划

青少年处于一个极为特殊的学习时期，没有目标计划是万万不行的。世界顶尖潜能大师安东尼·罗宾曾经这样说：“有什么样的目标，就有什么样的人生。”这就要求青少年在不断的学习过程当中，制定出自己的目标和计划。

§人生需要目标计划

没有目标和计划的人生是不完整的。作为青少年，当你给自己定下目标之后，目标就会在两个方面起作用：其一，是你努力的动力；其二，鞭策着你在人生的道路上不断前进。目标给了你一个看得见的射击靶，随着你努力实现这些目标，自己就会有一种成就感。

一个城市里发生了这么有趣的一个故事。有三个工人，他们的关系很不错，由于家庭贫困的缘故，他们从事着最脏最累的砌墙工作。

一天，他们三个人正在砌墙，有一个人就过来问他们在做什么。

这时，第一个人没好气地说道：“没看到我们在砌墙吗？”

第二个人却兴奋地说道：“我们正在建造一座高楼。”

第三人哼着歌高兴地说：“我们正在建设一座美丽的城市。”

就这样，转眼之间十年就过去了，第一个人还在工地上砌墙，第二个人却成为一名优秀的建筑设计师，专门绘制图纸，而第三个人则成为前两个人的老板。

这个故事值得所有的青少年深思。

从这个故事中，我们得知：正是由于他们的目标计划不同，从而也就决定了十年之后，他们将会有着截然不同的生存方式以及生存结果。

一个人如果没有什么计划和目标，只能使自己永远停留原地，更不用说成就与进步了。就好比这三个砌墙工人，用同样的时间可结果却大相径庭。第一个人原地踏步；第二个人小有成就；而第三个人却取得了最大的成功。这说明正是由于第一个人没有目标和计划而原地踏步，浪费了自己宝贵的时间。

可见，人生需要目标，人生不能没有目标。没有目标的人生是残缺的人生，没有目标的人生是苍白的人生，没有目标的人生是注定失败的人生。

§制订目标计划，珍惜自己的时间

在浩瀚无际的大海中航行，假如没有灯塔的指引，无论多么大的轮船也不可能达到预想的彼岸；在茂密的原始森林中穿行，假如没有指南针的指引，不管拥有多么强壮的身体，也不可能走出森林；在茫茫的人生路上行走，假如没有一个正确的人生目标和计划，作为青少年的你无论有多么强的能力，也不会取得学业上的成就，最终只能是一事无成。因此说，制定正确的人生目标是事业成功的第一步。

世界上最为著名的石油大王洛克菲勒，在年轻时曾有过一段无聊彷徨的岁月，度过了一段漫无目标的生活。

有一次，事业上一无所成的他，漫无目标地走出了家门，恰好搭乘了一位农民的马车。疾驰中，农民热心地问他去哪儿，洛克菲勒想了一会儿，就用惠特曼的诗句回答说："我将去我喜欢的地方，让漫长的道路将我带到遥远的地方"。农民满脸惊讶："你难道没有一个目的地吗？"说完，就把命令他下车，并严厉地对他说："游手好闲之徒！你应当找份正当的职业，挣钱过日子，否则，你就是在利用没有目标和计划而浪费你的时间，浪费时间等于什么呢？浪费时间就是浪费生命！”这个农民的话惊醒了洛克菲勒，从此，他就立志干一番事业，做一个对社会有用的人。后来，他经过多年奋斗，终于凭借自己的聪明才智建立起一个庞大的石油帝国。在他晚年，还经常以此教育自己的子孙说，人生不能没有目标和计划。

从石油大王洛克菲勒的故事中，我们得知：成功的人都有着自己的人生目标和计划，而这也是所有的成功人士所具有的共性，他们在青年时期都树立了一个正确的人生目标。其实，成功与目标是一对双胞胎，没有目标，事业不可能成功；没有事业，目标也就失去了存在的意义。

如果从心理学角度讲，一个人对自己的能力有正确的评价，再有一个切合实际的目标牵引，然后一步一个脚印地走下去，取得成功并不是一件很困难的事。正因为有了正确目标的牵引，对于前进道路上困难和挫折，就会有心理准备，就能够接纳现实与失败，并不断地调试自己的心理。这样做不但有利于身心健康，而且也有助于事业的成功。

正是由于有了目标和计划，青少年才会更加珍惜眼前的时间，把握好生命当中的每一分钟，让学习在时间的牵引之下，变得轻松而又充实。

目标和计划是青少年不断学习的指南针，更是前进的动力。有了前进的目标和方向，才会知道自己是从哪里来要到哪里去，如此而来，更易走向成功。

2 无节制地上网是在浪费时间

青少年是祖国的花朵，早晨的太阳，初生的牛犊。青少年总是充满着朝气并且有着远大的前程，预示和代表着祖国的未来，民族的希望。随着科学技术的飞速发展，人类生活水平不断地提高，网络作为高科技发展的产物，同时也是人类社会进步的标志。

§ 无节制地上网，浪费时间

如今，网络已经走进了我们的工作、学习和生活，上网已经成为一种时尚。网络是一个无穷无尽的大世界，它信息资源丰富，知识广博。利用网络可以把地球变成一个小小的村落，不管你在何时何地只要通过网络，便可以和远在他乡的家人亲属联络，甚至还可以在电脑上与天涯海角的人们见面。通过网络人们可以做到秀才不出门，尽知天下事。网络还可以做许许多多的事情，是一个充满神奇的世界。

然而，令人担忧的是，网络同时也是一个充满诱惑，易使人误入歧途的虚拟世界。由于青少年自制力较差，很容易受之诱惑，在网络中找到了属于自己的那份“快乐”，游戏、音乐、电影……这一切无不在诱惑着自制力不是特别强的青少年。

如今，很多的青少年无节制地上网，宝贵时间就这样被无情地浪费掉了。我们来看一个例子：

鹏涛是某学校一名学生，原本是家庭里的乖孩子，学校里的好学生。可是，电脑网络却改变了这一切。

鹏涛是家里的独生子，父母更是百般宠爱。看到别的同学里家里都有电脑，鹏涛吵着让爸爸也给自己买一台电脑。鹏涛的父母拗不过他，再加上他们觉得网络上有很多对学习有利的东西，有了电脑，儿子就能够很好地运用网络获得大量的信息，来充实自己。于是，就给他买了一台电脑。

鹏涛原本是一个学习比较好的好学生，可是面对互联网这个大诱惑，他渐渐地学会了上网玩游戏，而且还深深地沉浸在网络游戏里面。老师布置的作业也不按时完成了，每天玩网络游戏要玩到很晚很晚。

每一次父母半夜醒来，看到的都是鹏涛还在通宵达旦地“升级”父母说的话也听不进去。而这样做的直接后果就是第二天上课的时候，鹏涛的表现是无精打采，整天飘飘然，学习成绩直线下降，白白地浪费了宝贵的时间。

计算机正在以飞一般的速度普及，并得到广泛的应用。网络给教育带来了一场极为深刻的革命。目前，网络已成为教育过程中一个十分有用的工具，从波兰到俄罗斯、德国、法国，到新西兰、澳大利亚，到美国、日本、中国，到处都兴起了进入学校的热潮。

可是就目前的情况来看，有太多的青少年上网的目的并非如此单纯，他们往往会利用一切可以利用的时间去上网，甚至避开老师的监督到街头网吧上网。有的浏览传递充满色情、暴力的黄色网址；有的进入扯闲谈、打情骂俏的聊天室；有的学生经不起诱惑，选择了逃学、网吧过夜、网络恋爱、约会；等等。

另外，由于青少年对新生事物的敏感性，上网也就很快成为学生学习生活中的一种时尚。但无节制地上网对学生的学习习惯、学习方法及生活习惯也在一定程度上产生了冲击。上面的事例正是在告诫青少年：恰到好处地运用网络，会让你的学习事半功倍。反之，就是浪费时间，耽误学习。

§合理运用网络，把握好自己的时间

正是由于在网络中的“自由”，导致了很多青少年太过沉迷于网络之中，成了人们所谓的“网虫”。如今，青少年的“网瘾”问题恐怕也已成为最令家长和老师头痛的问题了。在烟雾缭绕、空气浑浊的网吧里，时常会撞进一些伤心而焦急的家长，他们在寻找因沉迷上网而整夜未归或逃学，甚至离家出走的孩子。很多的青少年沉迷于网络中不能自拔，迷失了方向，也浪费了人生中宝贵的学习时间。

王楠是某学校初中三年级的学生，他是一个十足的网民，经常旷课上网聊天，练就了一身在网吧待上十几小时可以不吃不喝的本领。有一天，所有的积压终于爆发了。王楠在连续上了两天两夜的网后，神志不清，开始胡言乱语，整个人像傻了一样。当他被旁边的人送进医院的时候，连闻讯赶来的父母也不认识了。经过一个多月的治疗，王楠才恢复神智。

刘慧和于丽是某校初一学生，两人同样沉迷于网络聊天中。刘慧是网络世界的“小龙女”，于丽则自封为“格格”。有一次，刘慧因为和网上的人侃得太久，被家长责备了一通，就和网上的那个聊天对方相约出走，欲行侠仗义，浪迹江湖。他们的这种行为可急坏了双方的父母。幸亏民警利用网络及时出手，智寻失踪“网虫”，才不致发生意外……

从中我们得出的这样一个结论：网上虽然信息丰富，但也有很多不利于青少年健康成长的不健康信息。另外，青少年无节制地上网，不仅影响其正常的学习生活规律，而且浪费了宝贵的时间。

青少年的自我控制能力一般不如成年人强，对自己没有一定的约束力，一旦迷上网络就容易形成无节制上网。网上聊天和游戏的诱惑力太大了，很多青少年大都抵挡不住这样的诱惑。

青少年们在上网学习的时候，如果不懂得严格要求自己，缺乏自律性就会很容易偏离方向、改变初衷。所以，广大的青少年朋友们尤其要注意对网络的节制，不要把时间全部浪费在上网上。要知道网络不是万能的，它只是一个工具，只有合理运用才能收到良好的效果。

对于青少年来说，时间是非常宝贵的，这个大好的学习时间如果不懂得好好地把握，就会失去好多机会，甚至是会耽误终生。

3 看没有用的电视节目

随着社会经济的快速发展，文化市场也是日益繁荣，传媒、图书、电影、电脑软件等更新日新月异。当然，其中不乏有很多的好作品，充满了丰富情感和艺术性，或者激发人们去动脑的趣味性。比如，一些优秀的电视节目，可以鼓舞人们的斗志，培养人们热爱文化事业，提高人们的文化修养，对促进社会主义精神文明建设发挥了很大的推动作用。但是，有些电视节目却对青少年的健康成长不具备任何作用，纯粹浪费时间，消费精力。对这样的电视节目，青少年要学会拒绝。

§ 有选择性地看电视

电视作为一种集文字、图像等为一体的传播媒介，发展是迅速。在

我国，电视的观众已经达到了9亿之多。在这个很大的电视群体中，青少年占据了一个相当大的比重。

青少年正处在快速成长的时期，包括身体和心理。处于一个很特殊时期的你们，随着人生观和世界观慢慢地形成，很容易受到外部环境的影响。更重要的是青少年接受的事物又没有固定的思维，如果受到一些错误思想的影响的话，会引发一些错误的思想产生，从而给青少年的身心健康带来很大的威胁。

美国一家知名公司曾说过，无论在美国还是中国，年青一代都已经对媒体产生了明显的依赖。青少年在成长的过程中，由刚开始的去试着接受很多方面，发展到去选择自己需要的电视，用于获得有用的信息。这时，电视就变成了青少年们所喜欢的媒介。好的电视节目内容健康向上，可以更好地反映人们的真实的生活。但是，现在很多节目都变得大同小异，甚至好多节目对青少年是没有任何作用的。

众所周知武打片多是以伸张正义取材的。电视中的“大侠”大多是性格孤僻、冷漠无情的杀手，青少年看这类的电视剧，容易使其不明事情的是是非非，从而容易在处理问题上采取暴力的解决方式。“他凭什么这样对我，揍他！”还有“为兄弟两肋插刀”式的“暴力”，在学生当中形成了一种风气。曾经有一位初中的学生非常崇拜《英雄本色》中的周润发，老师问他为什么喜欢，学生说：“因为周润发讲义气，大哥大！”还有《功夫》里的包租婆，也让学生很崇拜，平时叼着个烟头，对爸爸妈妈说话也是很嚣张的样子。

从这些现象中，我们可以看出，没有学习价值的电视节目对青少年的身心健康不利。正处于成长关键阶段的青少年，对好多事情的对与错没有明确的概念，而且，喜欢刻意地模仿电视中的某些角色。然而，却不知道其后果是什么样子的，即对事物缺乏一定的分析能力。好奇心占据了其幼小的脑袋，充满了某种向往和憧憬。

可见，青少年在观看电视节目的时候，要有所选择，选择那些对自己有益的电视节目，不要看一些对自己并没有用的节目。

§节省时间，不看无用的电视节目

电视节目并不是每一个节目都是好的，都是精彩的，都值得人们去看。一个健康、积极向上的节目，能不断地充实青少年的内心，从而促进青少年健康成长；反之，无用的电视节目，会影响青少年的身心健康。

1998年在全国热播的《还珠格格》，本来可以带给人们快乐，其中的搞笑能让上班族摆脱一天的压力，回到家里轻轻松松地娱乐一下。但是，对于青少年就不是如此了。青少年如果经常看这类电视节目，很容易受里面情节的感染，从而沉迷于缠绵悱恻的男女情感纠葛中，使自己陷入很深的思想误区。久而久之，极容易养成多愁善感、无故寻愁觅恨的软化性格。另外，一旦陷入情感危机，就会认为世界上除了情和爱，没有什么别的东西了。有的会精神恍惚，有的离家出走，有的甚至产生轻生的念头。

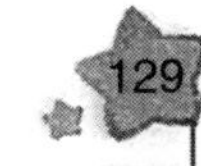

有人说："现在幼儿园就开始谈恋爱了。"这其中电视"功不可没"。

青少年们看了没有用的电视节目，不但影响了学习，而且给自己的生活带来一定的影响。比如，因为过分地迷恋看电视，平时就不吃饭也要看，并且在课余时间，经常学电视里的情节。如有的学生模仿上吊，或是故意做些冒险的动作。

有关专家认为，青少年常看优秀的、有益身心电视节目，可以更好地开发自己的思维，但是，无用的电视节目则能影响其健康成长，使青少年养成暴力、孤僻、或是冷漠的性格，甚至使青少年出现一些极端行为，直到最后走向犯罪的歧途。

目前，我国至少有几亿人把电视作为娱乐和消遣的主要精神食粮。

电视节目的影响也随之作用越来越大，不但可以作为商品，而且作为精神食品被青少年所吸收。但是每当那种色情、暴力等画面展现在电视荧屏中时，青少年也就会从中受到极大的影响。

健康的电视节目能使青少年奋发向上，而颓废的电视节目却使人沉迷消极，尤其在青少年的身上有着明显的体现。青少年作为一个特殊群体，其成长正是身心得到很好发展的关键时期，是一个人的人生塑造的最大的转折点。只有学会合理地观看电视，合理地搭配好自己看电视的时间才能有利于自己的学习。

合理安排看电视的时间与生活上的一点一滴有意义的事情搭配起来，就知道自己该往哪个方向去努力了。所以说，青少年千万不要乱看那些无用的电视，否则将严重毒化自己的健康成长，侵蚀自己健康的心灵。

青少年朋友们要学会为自己创造一个良好的学习、生活环境，电视节目一定要有自己的正确选择。只有这样才能使自己拥有一个美好的明天。

4 没有一点儿时间观念

人活在世，最重要的是做些有意义的事情。然而，每个人的时间都是有限的，如果一个人一点时间观念都没有，那么，他只能是白白地在这个世上走了一遭。俗话说：一个良好的习惯往往可以使人受益终生。

因此，对于青少年来说，要学会珍惜时间，利用好每一寸光阴，做出有利用国家，有利于社会的事情来。

§浪费时间如同浪费生命

在今天这个信息时代，工作的人基本上都知道办事的宗旨：时间要短，效率要高。这也就是有所谓的时间观念。俗话说："一滴水就可以看见灿烂的阳光。"我们在生活中不难发现关于时间的重要性的例子：从上班时间挤公共汽车到打车出门；从趴在马路边伸手要钱的乞丐到百万富翁；从邮递员传递邮件到网上发送 E-mail 的快捷。时间观念已经在无形中触动了人们平凡的生活。时代的前沿悄悄地迈向我们的生活，时间也是在平静中慢慢地度过。

人生的意义在于，活着的时候能做些有意义的事情。在人这一生中，珍惜自己所有的宝贵时间，珍惜来之不易的生命，时间给予我们每一个人的都是这么多，就要看你如何去把握了。

随着生活节奏加快，时间对于每一个人来说，其实都是很重要的。"时间就是效益""时间就是生命"等口号，是非常有科学道理的。那么，在日常生活中，我们应该怎样更充分、更有效地利用好时间，在仅有的一点时间中创造出更大的价值呢？答案就是：增强自己的时间观念，从而有效地利用我们生命中的每一小时，甚至每一分钟，每一秒。

§时间如生命，要懂得珍惜

在日常生活中，许多人总是觉得自己活得很累，感觉自己的时间总是不够用，时间紧得不得了，很多的事情都是在手忙脚乱时处理得不好。其实，这主要是由于没有时间观念造成的。如果一个人心中有了一

个合理的时间观念，那么就不会弄得自己很是疲惫。

在国外一个顶尖机构中，一个大企业的总裁向一位社会科学专家请教如何处理事情、问题，那位社会科学专家向他提出了一个建议：把自己的每一年中最重要的事情按照大小类型分别区分开来，先办一些你觉得重要的事情。然后，再按照相同的办法，把每个月的事情归好类，再把所有的每一个月的事情按照一定的主次关系，去一一处理。一年之后，你再看一看你的业绩。

当那位总裁问社会科学专家问："这条建议需要给多少的酬金？"社会科学专家答道："现在我不要酬金，等到一年以后，你再按照你的企业的业绩增长的情况看着办吧！"之后，那位总裁在工作中采纳了这条建议。一年后，企业的业绩大增。那位总裁付给了那位社会科学专家一百万的美元。

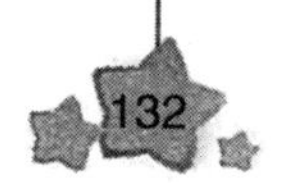

也许你无法理解：为什么同样的付出结果却不同呢？其实，最主要的原因就是，是否科学、合理地安排好自己的时间。

对于青少年来说，在日常生活中，要学会提高自己做事情的速度。比如，很多青少年在做作业时喜欢磨蹭，这就要多加注意了。生命总是以时间为单位导向的，浪费时间就等于浪费自己的生命。因此，青少年们要注意把握住生命中最美好的时光，知道自己在这一刻该做些什么，知道自己的下一步该如何做。在平时，必须抓住和利用好自己身边的那些零散的时间。有一个人算了一笔账，假如我们一个人，每一天能够挤出两个小时的时间，一年就有730小时，相当于92个工作日。但是如果对于每一个人来说，如果利用好这么多的时间，足可以让我们在某一方面获得不菲的成就，它可以是业绩、成就、知识或者金钱……也就是说可以大大地延长了我们有效的生命。

只有学会珍惜自己的时间的人，才是真正明智的人。他们往往懂得如何有效利用自己的时间，从而取得一定的成就。

5 自身的懒惰行为

在日常的生活中，人们往往是习惯了忙碌，一旦休息了就很容易产生懒惰的行为。懒惰的行为，不是一天两天就能形成的，而是很长时间养成的习惯的行为动作。一般情况下，人体长时间的正常的生物钟，猛然改变了时间，会对身体产生消极的影响的。

§ 惰性，危害极大

一个身体正常的青少年，如果经常赖床贪睡，并且不进行合理的饮食，不经常地做运动，自己身体内的能量储备大于消耗量，就容易形成了肥胖症；如果平时生活是有规律的，但是每逢节假日就贪睡懒觉，就会扰乱体内的生物钟，使体内的激素出现异常的变化，导致心神不定，疲惫不堪。结果因为舒适的睡觉淹没了食欲，使得肠胃发生了饥饿性的蠕动，黏膜外部的保护膜就会遭到破坏。人们长期这样下去，就容易发生胃炎、溃疡和消化功能不良的症状。

另外，起床迟的青少年，其肌肉的张力等都明显低于一般的人，爆发力不足、动作反应比较迟缓。并且青少年若长时间因懒惰而不起

床，会导致身体的生理机能下降很多，以致产生不良的心理，比如青少年的手淫活动。又如空气中的污浊气味还能给人的身体带来很大的危害。因此，学会不睡懒觉，养成好的生活习惯，可以保持一份良好的心情。

小红是一个活泼开朗的孩子，学习成绩一直在班里名列前茅，而且很喜欢交际，热心地帮助同学。可是，在近半年里，他经常地独自一个人玩，不喜欢和人说话，上课时也是心不在焉，课后不完成作业，遇到难题了也不爱思考，就放到那里不做了，连平时玩得好的同学也懒得一起去玩。每天早晨爸爸妈妈要反复地督促数次才肯起床，上学迟到、早退是常有的事情，有时干脆不上课了。后来变得越来越懒，平时爱讲究的习惯也抛之脑后了，衣服也不换洗，起床也不叠被子。

透过这个事例，可以看出，小红并不是什么思想上的问题，而是一个懒惰行为的形成。这种行为大多发生于青少年，常常以一种很隐匿的形式出现，就是使一个以前很好的学生一改常态，变得懒惰起来，其惰性很大，并且引起了以后的一系列的不良后果。

在一般人的心中，这种懒惰不是一般行为的产生，而是作为一种病态出现在青少年的心中，大多数的青少年不是刻意地“懒”，而是一种不良的心理所导致的。他们起初并未发现自己的懒惰行为，因为其诱因不明显。开始时，青少年行为上变得很孤僻，对周围的一切似乎没多大的兴趣，与人接触都显得很冷淡，甚至对自己的亲人也是缺乏感情。“懒”促使他们精神上萎靡不振，反应迟钝，生活习惯不好，不注意修边幅，时常脑里想的和做的不一致。

从另外一个角度来讲，懒惰行为往往使人变得生活慵困，并且思想上也不是很上进，逻辑思维分析能力比较差，不知道事物的密切关联度，容易是非颠倒。

§ 克服懒惰，培养爱惜时间的好习惯

作为青少年，在生活、学习中要树立正确的时间观念，多做些有意义的事情，不能在思想上放弃自己，行为上过于散漫，要有计划地安排自己的生活。这样，才能使自己更好地走在人生大道上。

以前，曾经有几位诺贝尔奖得主在聚会。有很多的记者去采访一位荣获诺贝尔奖的科学家："请问您在哪所大学学到了您觉得最珍贵的东西？"这位科学家毫不犹豫地说："我在幼儿园学到了很多。""那么在幼儿园你学到了什么？""学到了自己的生活习惯，自己应该早早地起来，然后自己学习叠被子，然后就是会叠自己的衣服。拿碗吃饭，吃饭前要多洗洗自己的小手。"

这位科学家出人意料的回答真是让人很是惊讶。不只是普通的人应该这样从小做起，连科学家也是从小就养成了勤劳的习惯。科学家从小就是杜绝了"懒"的行为，经过了无数次的人生的锻炼，慢慢地进入了人生的最高的境界，因而可以很好地发挥自己的长处，去搞自己的科学研究。

作为青少年，培养自己的习惯，应该从小树立一种勤快的意识，不能姑息迁就自己过分懒惰的毛病，珍惜自己所拥有的时间。习惯不是先天就有的，而是后天才逐渐形成的。人越懒他在行为上表现得越散漫，就如有些习惯经过多次的重复就形成了。要想改掉懒惰，就要花费相当大的努力去改变，因为习惯不是那么容易就改掉的。

好的生活习惯对人的一生是具有决定性的意义的。因此，青少年要

从小培养自己的好习惯。要养成节约时间的好习惯，为自己一生的成功奠定基础。

6 没有引起对细节的注意

细节就是一个人想要做某一件事情，就要掌握其事情的大小，把事情的难易程度分开来计划，注重内部一些细小的东西。细节不是每一个事物都能清晰地显现的，而是需要细心的观察的，要做到注意细节问题并不那么简单，需要自己去留心身边的事物。

§细节往往创造奇迹

处处留心皆学问。看不到细节的重要性或是不把细节当一回事的人，就会对工作缺乏认真态度，对事情只是敷衍了事。这种人无法把自己的工作当作一种生活的乐趣。而是把工作当作一种不得不承受的痛苦。

在临近黄河岸边的地方曾经有一处小村庄，为了防止水患灾害，农民们就筑起了很长的坚固的堤坝。一天，有个农夫在路过堤坝时，猛然发现了蚂蚁窝一下子增多了不少，老农心里想：这些蚂蚁窝究竟会不会影响到长堤的安全呢？于是他打算到村里去报告给村长。不料他在路上遇见了儿子，老农的儿子听后毫不在意地说：那么坚固的长堤，还害怕那么几只小小的蚂蚁吗？说完就拉着老农一起去下农田了。谁知道，当天晚上风雨交加，黄河水忽然暴涨，河水从蚂蚁窝开始往外渗透，转变为喷射，终于冲决了长堤，淹没了沿岸的大片村庄和田野。

这个故事让我们懂得了小小的蚂蚁窝的作用了，这也就是著名成语“千里之堤，溃于蚁穴”的来历。同时，这个故事也从一定程度上说明了：只有注意细节，才能使自己成就一番伟大的事业。

不注意细节的人们会把原来完完美美的事物变得越来越糟糕。事物本来是具有普遍的联系性的，不是很多的事物都没有联系性，只要抓住了事物的联系性，细节就会因此而产生了。细节就是内部联系的必然的结果。考虑到细节的人，不仅对待工作是认真细心的，什么事情都是按照小事去处理，而且还注重在做事的细节中找到了更多的机遇，从而使自己走上了成功的道路。

§珍惜时间，从把握细节做起

掌握住自己的时间，要学会合理地运用手中的一切，把握生活中的细节，这样人们才知道自己做的事情是多么的有意义。注重细节，从你我周围的小事做起。细节就是做事要做到极致，因而要重视身边的一点一滴，不要只看那些大的事情，要知道所有的大事都是由无数小事构成的。

一名大学生在很多次的求职中都失败了，原因是学历高、社会经验多的大学生简直是太多了。人才精英的辈出，让他有了很失败的感觉。每次应聘，他都是刚开始信心百倍地去，然后垂头丧气地回。

其中有一次的应聘让他受益终生。参加面试有很多人，已经是第三批进入经理的办公室，几位面试考官对面试人员进行了面试，最后轮到了人事经理，人事经理说自己有事，先要离开一会儿。于是他就离

开了，让所有的面试人员先在办公室里休息片刻。这时好多的面试大学生都在办公室看经理书桌上摆放的资料，看自己前几轮得到的成绩，但是这位大学生却在他们翻看资料的同时，去整理经理的书桌，并把书桌上的杂物整理得井井有条。在一旁的大学生就对他轻蔑地说：“整理干吗？不是多余的吗？我们来是做技术的，整理有用吗？”最后待他们看完，把资料也归为一档。这时，人事经理回来了，他宣布了面试的结果，这位给他整理书桌的大学生通过了公司的应聘资格。最后，这位大学生通过在公司的良好表现，终于做了公司的销售经理，年薪达到了十万以上。

这件事情，就是能很好地反映事物的必然联系，特别注意细节的人最终都能够拥有一个很好的收获，他们不仅能收获到工作上顺利和快乐的心情，还能得到对以后人生的美好的体会。就像这位大学生一样，他自己本身与其他的大学生是存在一定差距的，但是他并没有就此灰心，而是迎着挑战上，对于事情他做到了全心全意去达到最好的结果，看到经理的书桌不整齐，主动去整理，无意中他把握住了事物的细节。

其实，现实中的竞争者之间的成败就是这样，一点点小小的差异，就成了影响一个人一生的重大的转折。并不是成功者的先天条件都是那么优越，只是看一个人是否注重生活、学习、工作中的细节了，是细节给了他们机会和挑战，使他们取得了更出色的更优秀的成绩。相反，失败者往往就是没有把握好身边的小小的细节，忽视了细节的重要性。

所以，青少年朋友要学习那些成功人士的经验，从小做起，从细节做起，为自己把握好更多的时间，打造一条成功之路。

细节有时候决定了一个人的命运，一个注重细节的人，在无意中就

为自己创造了机会。一个人的成功需要从小事做起，从身边的细节做起。

7 没有抗干扰能力

生活中的每一个人都是匆匆地来，又匆匆地离去的。出生时是匆匆地哭着闹着来到了这个大千世界，什么也不知道。但是在成长的阶段，往往是很多繁杂事情扰乱了自己的平静生活，从而干扰了自己的正常的思绪。

§做事情要集中精力，抵抗周围影响

所谓的抗干扰能力，也就是指在日常的生活环境中，抵抗影响人们完成任务的各种消极刺激的心理，或是其他的抵制与抗御能力，是一个人注意转移自己动作的灵活性和稳定性的综合特征的内在表现。

平时，干扰人们的因素也有很多，生活上的不如意，比如，遇到了自己不顺心的事情，导致自己的情绪很差，从而影响了工作或是学习等。干扰的类型也是各不相同的，有些是因为心理情绪才导致的，有些是因为社会的种种事情导致的。

孩子在玩乒乓球，这时他已经5岁了，但还是不会打，最多也只是把乒乓球放在球拍上敲鸡蛋式地打。爸爸说："儿子，来，让我们一起来玩个有趣的游戏吧！"

于是，爸爸告诉儿子基本的游戏规则：拿好自己手中的乒乓球，然后把球放在球拍上，环绕着乒乓球桌（乒乓球桌要先保证是木板搭成的）一圈，要求乒乓球不能掉下来。

孩子却很自豪地说："这还不容易，小菜一碟。"

爸爸说："可是我是会故意捣乱的啊。"

于是这样，游戏就开始了。

儿子把乒乓球放在球拍上，小心翼翼地走着。爸爸在一旁开始故意捣乱，一会用力拍拍自己的手，一会儿又在一旁跺脚，一会儿又大喊大叫："哎呀，快掉了，快！"

儿子刚开始还是坚定的眼神，目不转睛地看着自己手中的球，后来终于忍不住大笑起来，但为了不输给爸爸，就又不得不保持很镇定的模样，注意力高度集中起来，又继续进行了游戏。最后，儿子还是因为年龄小，受到外界环境的打扰，输给了爸爸。

这个事例，其实在我们的生活中，只是一个微不足道的事情，但是它也反映了一个深刻道理，就是每一个人的抗干扰能力。正如事例中的儿子，就是因为爸爸在旁边去干扰他的行为，使他终于抵制不住周围的影响，败给了爸爸。

要做好一件事情，要保持注意力高度集中并不是一件很容易的事情，如果旁边有人干扰，就会觉得自己很难去集中注意力。比如学生在做作业时，旁边正播放比较吸引人的动画片时，就会分散其注意力，因而就会放下手中的作业，跑到一边去看电视。正是因为有了更多的干扰，增加了注意力集中的难度，才有很多人为一些事情难以集中精力地完成而心烦意乱。

在我们做每一件事情的时候，要认真地对待身边的每一件事情，集中精力去完成它，不要被任何事物迷惑了，从而分散了自己的注意力，打乱了自己的思路。这样，事情的完成程度就会越来越具有高效率。把那些干扰都抛到脑后去，免除心中的困扰，才能更好地做好每一件事情。

§拥有抗干扰能力，成功就在不远处

毛泽东曾经在小时候训练自己的专注力，他经常特意到喧嚣的闹市中去看书，坐在人来人往的城门边研究军事，甚至有时候走在大马路上依然在思考问题。就这样，他练就了在任何复杂的情况下，都能冷静地思考的本领。

有位科学家就说：“成功的人，也就是注意力集中的结果。”可见，伟大的革命领袖都是有着很强的抗干扰能力。古人所说的。“两耳不闻窗外事，一心只读圣贤书”，也表明了意志的坚定。

在一个信息干扰的时代里，我们做的某些事情都是受到很多诱惑或是吸引的，同时这些事也都能够干扰到我们的生活。比如在人们办公的环境中，一般来说是比较安静的，如果有需要讨论的事情，可以在会议室或是其他可以大声说话的地方去进行，原则上是不能干扰其他人的正常的工作。但是每一个人的环境是怎么样的，就因人而论了。

正常情况下，注意力使我们的内心活动朝着一个事物，有选择地去接受些新的信息，而扰乱了其他的活动和信息的传递，并能集中全部的心理去关注所指向的事物。因而，良好的注意力能够提高我们的工作和学习效率。注意力能否集中，就要看一个人本身所具有的抵制干扰的能力了。抗干扰能力抵制的强度越大，人的注意力的集中程度也就会越大，做好事情的完美度就会越大。

据有关的数据统计表明，学生的抗干扰能力是非常弱的，要想保持不受干扰，就要学会怎么更好地去抵制外界的干扰。通常，人的抗干扰能力越强，就会对自己所做的事情有着越高的关注，一旦成功，自己的成就感也会随之增强。

所以，在做任何事情的时候，青少年们都要使自己保持良好的注意力，要让自己的大脑学会去感知、记忆、思考，让大脑处于一个非常稳定的状态。学习过程中，注意力是集中所有记忆力的保证，能够很好地开启我们的内心世界，心灵的大门开得越大，我们学到的东西也就会越多。心理学家们认为：青少年一旦注意力涣散了或是无法集中了，心灵的窗户就会从此关闭，一切有用的知识信息都将永远无法进入。

做任何事情都要学会有效地抵抗各种干扰自己的因素，学会用专心去化解它们。这样，成功就会悄悄地降临在自己的身上了。

8 总为自己找借口

生活中，我们经常会听到这样一些借口：上班迟到了，会有“路上堵车”“手表停了”“家务事太多”的借口；考试不及格，会有“出题太偏”“题量太大”的借口；做生意赔了本，同样会有各种各样的借口；工作落了后也会有借口……借口成了我们推卸责任的挡箭牌，只要某件事失败了、办砸了，总能找出一些冠冕堂皇的借口，以换得他人的理解和原谅。

§ 寻找借口，是在吞噬自己的时间

事实上，借口是一种美丽的谎言。人们往往在自己懒惰、遇到困难

或不愿意等情况下，为自己编造种种借口，拿谎言去搪塞、去拖延、去欺骗、去推卸。同时，借口也是一种浪费时间的行为。仔细想一下，在编造借口的同时，本该属于我们的时间会很快地从生命中一点一滴地流失掉。所以，青少年们应该做的就是拒绝借口，无论前进的道路多么曲折，都要不找借口，我们都勇敢前行。

当我们没有了借口的陪伴，我们的路也许会走得异常艰辛，但我们能够利用找借口的时间做好我们应该做的事情，迈出的每一步也都在接近人生理想的目标。

大庆“铁人”王进喜当年创业时曾说：“有条件要上，没有条件，创造条件也要上”“只要再活二十年，拼命也要拿下大油田”。这是何等豪迈的英雄情怀，何等感人的创业精神！

面对当年大庆的恶劣环境和极差的条件，他完全可以找出许多借口来拖延建设大庆油田的脚步，但他不找半点借口，而是全心全力去改善环境，创造条件。他率领1125钻井队，以压倒一切敌人而决不屈服的英雄气概，自力更生，艰苦奋斗，终于为祖国和人民提前献出了一个石油滚滚的大庆油田，把外国人炮制的“中国贫油”的帽子甩到了太平洋里，创造了震惊世界的奇迹。

“铁人”王进喜的豪言和壮举正是中国特色的“没有任何借口”的绝好写照。

世界上最容易办到的事，就是找个借口。狐狸吃不到葡萄，它就找出一个借口，“葡萄是酸的”。我们都讥笑狐狸的可怜，但我们却也是像狐狸一样，在不知不觉中为自己找借口。

抛弃找借口的习惯，你就会在生活中学会大量解决问题的技巧，这样借口就会离你越来越远，而成功就会离你越来越近。不要再找借口，那无疑是在吞噬自己的时间，消耗自己的生命。

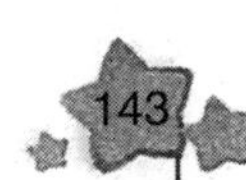

§摆脱借口，为自己争取更多的时间

借口是罂粟花的果实，是玫瑰花枝上的毒刺；借口是夺取意志的迷药，是麻痹斗志的毒酒；借口是人生征战时投降的白旗，是无法成功时无奈的遮羞。一个人如果与借口为伍，难免会远离目标，更会使你一步一步地走向失败。

约翰是某公司里的一位老员工，专门负责跑业务，深得上司的器重。有一次，他手里的一笔业务让别人捷足先登抢走了，结果损失惨重。事后，他很合情合理地解释说是他的腿伤发作，因而比竞争对手迟到半个钟头，导致最后失去了这笔业务。此后，每当公司要他出去联系有点棘手的业务时，他常常以脚不行，不能胜任这项工作作为借口而推诿。

约翰的一只脚有点轻微的跛，那是在一次出差途中出了车祸而造成的，留下了一点后遗症，其实，这根本没有影响到他的形象，也不影响他的工作。第一次，上司比较理解他，原谅了他。约翰好不得意，他知道这是一项费力不讨好比较难办的业务，他庆幸自己的明智，如果没办好，就会有失面子。

但遇到有些好做的业务时，他又跟上司说脚不行，希望在业务上能有所照顾。就这样，他把大部分的时间和精力都花在如何寻找更合理的借口上。碰到难办的业务能推就推，好办的差事能争就争。久而久之，他的业务成绩大不如从前，没有完成任务就怪他的腿不争气。总之，他已习惯因脚的问题在公司里可以迟到，可以早退，甚至工作餐时，他还可以喝酒，因为喝点可以让他的腿舒服些。但在公司里，没有哪个老板愿意要这样一个总为自己找借口的员工，最终，约翰被老板炒了鱿鱼。

找借口就是在拖延和放弃自己所做的事情，这样会失去别人对你的信任。找借口的人，往往在享受了借口带来的短暂快乐后，刚开始有点自责，可是，次数多了，也就变得无所谓了，原本有点良知的心也开始变得麻木不仁了。所以，要拒绝为自己找借口，特别是对于正处于全面发展的青少年来说，若想在有限而宝贵的学校生活中获取优异的成绩，想在以后创业的征途上大有作为，想使自己的人生价值得到最好的体现，那么，就更应该推掉各种借口，不要给自己找任何借口。

美国成功学家格兰特纳说：如果你有自己系鞋带的能力，你就有上天摘星的机会。我们都应该努力改变对借口的态度，把寻找借口的时间和精力用到努力学习、勤奋工作的道路上。

如果不找借口，生活中的你便会比别人多了可以思考的时间，你可以利用这个时间去精熟你的学习、工作，去设想你的未来，去改正过去的错误。同时，你还可以利用这个时间养精蓄锐，蓄势待发，这时，你便会发现生活是另一番景色。

青少年时期各种习惯以及人生观、价值观都还没有形成，因此，不找借口，才会成功。远离借口，生活将会更加精彩！

9 时间往往在凌乱中溜走

时间像空气一样，时刻围绕在我们周围，只有聪明的人才抓得住它；时间像风一样，偶尔吹过脸颊，在飘过去之后，才发现它早已离我们远去。

§ 时间在凌乱中悄悄溜走

生活中，常常会听到很多青少年说："这一天过得好快呀，一天都过去了，但我还什么都没干呢。"是啊，光阴似箭，一不留神它就从我们身边溜走了。其实，发出这样感慨的人，要不就是一天过得很充实，要不就是一天下来也不知道自己都做了些什么，这就是零乱与整齐的分别。

郭涛是个初二年级的学生，他学习很用功，可是就是成绩不太理想。对此，他很苦恼。一天放学后，他找到班主任老师希望得到老师的帮助。他向老师倾诉了自己心中的烦恼后，老师问他：你就把你今天所做事情，完完整整，一件一件地跟老师说一遍吧。他回答说："从早读开始，我就已经在学习了，背了语文课文和政治题目，然后上课注意听讲，放学后就开始写各科作业，英语啦，数学啦，语文啦；中午如果还有时间就背地理、历史等；然后接着上下午的课，待中午的作业发下来时，再去看作错的题目……"

这乍一看，他的一天可以说几乎都是在学习，可为什么成绩就是提高不了呢？这时，细心的老师问他："现在，你能想起来今天都遇到过哪些问题吗？”他说：“各科都有，具体的我也想不起来了。”老师说：“问题就出在这儿，虽然你每天都把时间安排得很满，但是，却没有条理，没有轻重，也就是太凌乱了。你回去列一个大致的计划，按照大计划去往里面填小内容，这样条理清晰了，效率也就出来了。”

一个月后，郭涛再去找老师的时候，就是一脸灿烂了。

其实，青少年感觉学习很“晕”时，其中关键原因之一就是没有计划，没有条理，以致一天下来把自己搞得很累，并且学习效率也不高。因此，青少年朋友要学会厘清思路，不要让凌乱的思绪左右，不要因为凌乱而占用你的时间。

如果你有以下几点坏毛病，就应该注意了。要记住：过于凌乱的生活不仅会让你的学习效率下降，时间久了还会影响你的做事方法。

1. 学习当中缺乏明确的目标，盲目的行动，不能正确地把握方向。青少年朋友要清楚：每个人想要达到的目标都不相同，规划好自己的时间才更有利于目标的尽快实现。

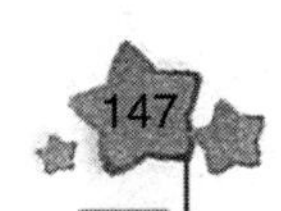

2. 拖延时间。这是一件不可饶恕的错误，时间是这个世界上最浪费不起的。因为“时间像风一样不可捕捉”，它在你的犹豫、散漫、无为中，很快就悄悄地溜走了。

3. 学习缺乏优先顺序，没有条理，做事无重点，无主次。

4. 太过于注重细节，不懂得科学地合理安排学习。

5. 不够坚持，不会拒绝别人的请求。鲁迅先生曾说：“浪费别人的时间是谋财害命，浪费自己的时间等于慢性自杀。”我们要学会节约自己的时间，节约别人的时间！

6. 把简单的事情复杂化。生活中，有很多明明是显而易见的事情。在处理的时候，有些青少年往往要将其复杂化，想的过度就会影响判断，在这个胡思乱想的过程中，时间也就浪费掉了。

7. 消极地思考问题。内在的心灵决定你的外在世界，快乐掌握在自己的手里，不要把快乐交给别人。要永远看得到事情好的一面，做一

个积极、乐观的人。只有积极地去进取，时间才不会在郁郁中消磨。

§管理好时间，拥有美好人生

人们常说：“时间就是金钱，时间就是生命。”那么，也可以这样来理解，管理好自己的时间，就等于管理好生命。安排好自己的时间，就等于有一个美好的人生。

张艳是某年高考某市的文科第一名，她对计划学习的体会是：所谓“磨刀不误砍柴工”，学习前制订周密可行的学习计划是十分必要的。而且做好计划就是在珍惜自己学习的时间，也能够让自己的学习目的更加明确。从而更加有效地提高自己的学习效率。

其实，在任何学习过程中，有计划是很重要的，有计划才能让自己的学习目的更加明确。对于青少年来说，要学会在每个时间段内安排自己的自主学习、活动内容，内容的多少最好是通过自己的努力能够完成的。内容的安排要科学交叉，短的、零散的时间学习零散的知识，安排容易做的事，长的时间学习较完整的知识，安排复杂、有难度的事。不管怎么学习，计划是最重要的，而且计划的方法也很重要，对于青少年来说，制订一个让学习目的更加明确的计划，则是非常有必要的。

青少年凌乱的学习还包括：一边看电视一边写作业，没有计划的学习，常常会漏掉某些作业没做。做事“粗心”，在生活中表现为上学时忘了带作业本，自己的东西总是丢三落四，从来不自己整理书包书桌等。其实，这些都是生活与学习中的小事情，良好的习惯应该从学会整理自己的思绪开始，把思绪整理好了，生活也就不会再凌乱了，生活不凌乱，学习也就顺理成章了，效率自然而然也就提升了。时间也就是这样在无形之中节省下来的，这样一举多得的事情，聪明的你何乐而不为呢？

广大的青少年朋友们，如果你希望自己变主动，那就要学会掌握时间管理的重点，这样你才会获得优质的人生，并让它变得与众不同。学会管理好自己的时间，人生也会因此而更加美好！

10 做事拖拖拉拉

一般来说，每一个人身上都有着一些不自觉的惰性。一件事情在不是很着急的时候，都喜欢往后拖一拖。作为青少年，原本自制力就差，再加上没有时间观念，结果就会变得更加糟糕。由于“忙”的缘故，他们习惯性的动作就是凡事“以后再做”。这样一来，往往计划落空，生活一片混乱。接着自责、后悔、烦躁的情绪也会随之而来，当然影响了青少年的进步。

§拖拉是一种自我折磨

拖拉的青少年经常为积压的学习作业而倍感痛苦，从而影响身心健康，更影响了学习的质量。到最后，是身体也没有调养好，学习也没有提高上去，赔了夫人又折兵，一无所获。

加拿大渥太华卡顿大学的心理学副教授蒂姆·彼齐尔博士曾经做过这样的调查：他找了100名自认为有拖沓问题的公司职员进行研究，并在他们任务期限前的最后一周进行了跟踪调查。起初这些人说他们有焦

虑感和内疚感，因为他们还没有开始做他们的“作业”。这时，他们会安慰自己，我在压力之下的工作表现会更好；晚一点也没什么的……不过，一旦他们开始着手做工作，他们便表现出了更多的积极情绪，他们不再悲叹时光流逝，也不会说压力有助于他们工作。由此可知，拖拉就是一种自我折磨。

§青少年如何摆脱拖拉的恶习

有人曾说道：“惰性是一种慢性毒药，它慢慢地征服勇气，使人变得迟钝。”可见，拖拉、懒惰会影响一个人的健康成长。凡事要记得勤于思考，不要什么都依赖现成的东西，它会阻碍你创造力的发挥。

那么，作为青少年，你知道，自己究竟应该怎么去克服属于自己身上的那种惰性和遇事拖拉的毛病吗？

第一，从今天从现在做起。不论明天是一个多么“规整”的日子，无论你今天多累，有多少理由，要是你真的想改进自己，就马上列个事情明细单，定个时间，强迫自己做下去。这一步重要的是体会完成事情后的轻松状况。不做事，心里不踏实，是休息不好的。

第二，马上制订一个能够胜任的学习计划。在第一天的学习、工作之余，还要制订一个近期学习计划。计划要能胜任，时间较宽松些，适合自己的作息习惯。这一步重要的是找到你希望坚持、喜欢做的一件小事，有兴趣的小事能够坚持到最后，能为自己带来信心和愉悦感。

第三，练习分清事情的轻重缓急，逐步学习安排整块与零散时间，不要避重就轻。事情肯定会有轻重缓急，先集中时间，把最重要的先完成，不重要或者没必要做的就放在后面去做。利用好零散的时间做事，可以在不知不觉中完成烦琐的杂务。这一步最重要的是不要怕去做比较麻烦困难的事情。

另外，还可以把自己的计划告诉别人，让自己产生压力，自尊心起到对你的督促作用。这一步最重要的是坚持。过一个月后，勤勉的好习惯会因为克服惰性而形成。自己也会感到精神振奋。拥有“时间感”的人，不仅有明确的使用时间法，而且在工作、交际等方面也一定是高人一等的。广大青少年应该把自己从不当的“习惯”信仰以及固定化的价值观中解放出来。一个人若具备丰富的想象力就可以借此判断时间，锻炼自己对时间的控制。

在生活中你经常可以看到吃饭很慢、走路很慢、做事很慢的人，这些人就是平常我们所说的“慢性子”，它与“急性子”型性格的人形成鲜明的对比。凡事超过了度都会走极端，急性子和慢性子对人的心理健康都没有好处。急性子的人长期处手紧张状态之中，而慢性子的人则常处于忧郁之中，都不利于个人的健康成长。

“赶快行动！还等什么！”拖拉的人要经常对自己这样说。不要给自己找理由的机会。这些理由真的可以把自己的计划完成吗？大多数不能。要对自己严厉地说：“非做不可！而且是现在就开始。”然后想象一下在最后期限前面对一大摊事的痛苦，借此来警诫自己。

绝不拖拉的好方法就是要抓住今天。抓住了今天，就抓住了希望，也抓住了自己为之努力奋斗的切实的目标。无论你想干什么，都不要拖拉。青少年应该明白：自己的学习要靠自己完成，自己人生旅途上的任何目标也要由自己来定位和实现。我们要仔细思考：被拖拉的事迟早要做，为什么要等到把时间浪费过了再做。

11 总被逃避所困

“放弃时间的人，时间也会放弃他。”“时间会冲破青年人的华丽精致，它会把平行线刻上美人的额角；它会吃掉稀世之珍，天生丽质；什么都逃不过它横扫的镰刀。”这些都是伟大文学家莎士比亚的名言，而且这一切都在说明：作为青少年，如果你想取得一些成就，那么就要珍惜时间，不能被逃避所困。

§不要被逃避所困

作为广大的青少年朋友，他们并不是不知道去珍惜时间，虽然他们也知道时间的重要性，但却总是被一些困难所困扰，然后找不到解决的办法，唯一办法就成了逃避，而往往青少年在逃避问题的时候，就等于是在浪费宝贵的时间。

下面，我们来列举一个因为逃避困难而浪费了宝贵的时间的例子。

思莹是某校初中二年级的学生，在性格方面有些怯懦。不但不自信，而且也不够勇敢。总觉得自己不能做得更好，往往就会选择提前放弃或者逃避。正是由于她性格上的特点，使她在学习成绩方面一直停步不前。

为此，思莹的父母非常着急，可是，也没有什么好的办法能够改善现状。因为思莹一遇到比较困难的题目或者事情，就会选择逃避，或者避而不见。也就是说，总是会被学习上的逃避所困。

举个例子来说吧，当遇到一个比较难的数学难题，或者是一篇比较棘手的命题作文的时候，她的态度往往是逃避。虽然承认自己有时候是努力过的，比如在解数学难题的时候，她在开始的时候，也是会努力的，但是，往往是做到一半的时候，由于解不开题目，她就会觉得自己肯定是做不出来这道数学难题的，于是就提前放弃，选择逃避的态度来面对；对于命题作文，她的态度更是如出一辙，刚开始去收集材料，刚做到一半，就遇到了困难，而且是自己认为解决不了的，于是，选择仍然是逃避……

结果是，浪费了大量宝贵的时间去思考题目、收集材料，可是最终却由于题目的难度，或者是不自信的缘故，最终也没有把数学题目做出来，作文也没有写出来，只是选择放弃和逃避的态度来面对，最终的结果却是一无所获。

理所当然，她的成绩也不会得到明显地改善和提高。不仅仅是因为她没有坚持到底的原因，更重要的是她没有抓住时间去解决。比如，当自己不能解某一道题目时，可以去问其他懂的同学或者老师，不必自己在那里冥思苦想而得不出结论，最终不得不由于放弃而浪费时间。

从这个例子中，我们可以看出，青少年由于害怕面对而选择逃避一切困难和问题。当然，这里主要指的就是学习上的一些困难。例子中的思莹就是这样一个由于逃避而浪费时间的典型。

由于她的放弃而使她浪费掉许多宝贵的时间，并且做了许多无用功。这就像是前面明明有一条可以通往答案的光明大道，而她却不走，偏要选择走羊肠小路，结果是在羊肠小路上遇到了一条河，一条越不过去的大河，被滞留下来，不能向前走了。这是非常可悲的，不仅浪费了大量的时间，而且是事倍功半。

§ 做到不浪费时间

一般而言，那些在学习方面有窍门的青少年，他们不会像例子中的

思莹那样，总被逃避所困，而是积极地寻找各种各样的解决方法，最终找到答案。就像是走在羊肠小路的过程当中，发现前面有条大河，他们就会去想办法，或者调头换另外一条路，或者是想办法做一条可以过河的船，这样就能达到自己既定的目的，从而获取成功。

同样身为青少年的佳雪就有一个比较有条理的学习思路，她的做法却与思莹的截然相反，每当遇到困难，她总是积极地思考，当觉得实在是自己难以解决的时候，她就会在恰当的时候选择求助于老师或者同学。而并不是用逃避难题，来浪费自己的时间。

因此，她的学习成绩就在她不断的努力当中名列前茅，令周围的朋友羡慕不已。实际上，她的聪明之处就在于她不但没有逃避困难，而且还用另外一种方法把难题给解决了，从而节省了自己的时间，而不是像思莹那样做了许多的无用功。与之相反，她的做法则是事半功倍。

大家耳熟能详的节约时间的语句有很多，其中最有名的当数“一寸光阴一寸金，寸金难买寸光阴”。是的，例子中的佳雪正是懂得这样一个道理。在她遇到难题的时候，她一不盲目地去胡乱思考而浪费时间，二不半途而废逃避难题。正是如此，她才为自己节约了大量十分宝贵的时间。她把这些节约下来的时间，恰当地运用到别处，不浪费自己一分一秒的时间。因此，她取得优异成绩完全是必然。

但凡明智的青少年就应该像佳雪一样，为自己节约一些宝贵的时间，从而不浪费掉一分一秒的时间，合理地运用时间；而不是像思莹那样，盲目地思考，盲目地放弃，结果得不偿失。不仅仅是浪费了大量的精力，更重要的是浪费了大量宝贵的时间。因此，她和佳雪的成绩才会有天壤之别。

时间是非常宝贵的，青少年朋友们一定不要总是被逃避而浪费掉了自己的时间：意大利的杰出的画家达·芬奇说：“勤劳一日，可得一夜安眠；勤劳一生，可得幸福长明。”无独有偶，列夫·托尔斯泰的格言是："你没有有效地使用而放过的那点时间，是永远不能返回的。"还有人问过达尔文："你怎么一生能做出那么多的事呢？"他回答说："我从来不认为半小时是微不足道的一小段时间。"这样一些名言、格言、话语又怎能不深切地告诉我们：有作为、有成就的人们，他们无不是因爱惜时间而取得成果的，他们用珍惜时间的妙法度过了他们青春岁月。

时间，就是这么的公平，它不快一秒，也不慢一秒。青少年朋友应该想到的是：同样的教室，同样的老师，同样的时间，为什么大家的差别就那么大呢？难道仅仅是由于智商的问题吗？如果是这样的话，那么从古至今，那些虽然智障但仍取得成功的人，就是最好的反驳。不要总是去找一些客观因素，做到不浪费时间才是至关重要的。

因此，一切都是客观因素，最重要的是你要懂得怎样安排自己的人生，在自己人生的安排当中，首先不可忽视的就是时间的安排。作为青少年一定要意识到时间的重要性，并努力做到不浪费时间。

12 总喜欢过分自责

自古以来，珍惜时间就是祖祖辈辈教育下一代的课题。常言说得好：时间就是金钱。话虽如此说，时间和金钱的中间还是不能画对等号的，确切地说，应该是无论有多少钱也买回来哪怕一分一秒的时间。因为时间除了可以为人类创造财富之外；还有着更加丰富的内容和意义。

不过，在现实生活中，很多人却正在不知不觉中浪费着宝贵的时间，自责便是一种十分常见的情况。

对于青少年来说，他们正处于人生当中的大好年华，也正是奋发向上、积极进取的好时机。也许就是因为这样，他们才会比常人更加容易产生自责的心理，如上课时跑了神，考试没有考好，或是做作业时不够用心，等等，这些都会让他们无可避免地自我责备。为了“珍惜时间”，他们总是在刻意地减少玩乐、聚会，有些人甚至觉得对他人的关心和寒暄，都是浪费了自己的宝贵时间。以致，他们总是不能静下心来好好看书，于是更加自责浪费时间，更加烦躁不安。

§不良情绪，是无形的杀手

当然，产生自责心理并不是没有一点好处，最起码可以看得出，他们心中的那股想要努力拼搏的劲头。因此，从某种程度上来讲，自责也不失为一种催人上进的动力。但遗憾的是，大部分青少年似乎只想到了自责，或者说没有意识到自责最终带了什么。其实，说得透彻一点，自责也是在浪费时间，与其在自责中痛苦和挣扎，倒不如收起自责让自己更加努力地奋斗。

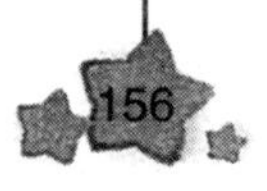

据说在“二战”时期，英国士兵把俘虏来的纳粹士兵关进了一间漆黑的房屋中，然后在外面用录音机播放模拟的鬼叫声。不过，囚犯每天所需的常规的食物和水都按时送入牢房。几天过后，当英国士兵打开牢房时，却发现屋里的人全都死了，原来他们是被吓死的，是那些模拟的鬼叫声夺走了他们的生命。

这个故事告诉我们，情绪可以操控一个人的言行举止，甚至是生命。一时的兴奋和喜悦，能够使一个很不自信的人变得充满勇气，从而一举成功；而一个不经意的心灰意冷，则很有可能会使一个一向狂妄自大的人自我反思，从而超越自我。总之，人的情绪可以影响许多，甚至是人们固有的性格和习惯。当然，情绪有好有坏，对人们产生的影响也不同。对于青少年来说，自责正是一种不良的情绪，这种不良情绪往往会让他们无法像往常一样专注于学习，学习的效果就会可想而知了。因此，青少年不能过分沉溺于自责，应该把自责转化为奋发向上的动力，为以后的成功添砖加瓦。

§经常自责，你的人生不会精彩

小茹是一名初二的女生，齐耳短发，长得端庄秀丽，脸上总是一副亲切可爱的笑容。不过唯有一点令大家百思不得其解，同学们都觉得小茹像是有什么心事一样，笑容的背后似乎藏着丝丝忧虑和抑郁。在心理医生的开导下，小茹终于道出了实情：原来她生活在深深的自责当中，她自认为是一个没有恒心与毅力的人，觉得自己将来一定是一事无成，但是不甘于如此的命运。因此，小茹总是默默地在心底告诉自己，以后一定要好好学习，争取有一个好出路，她还为此制订了具体的执行计划。不过，在执行的过程中，小茹并没有完全按照计划来，而是时不时就会放松自己，如和同学出去玩耍。可回来之后，她便觉得自己很没用，注定成不了大事，其实这本不是一件什么大不了的事情，很多人都有过同样的亲身感受。但是，小茹却将她的自责无限放大，就这样，一次次的后悔和自责让小茹心力交瘁，她甚至对计划本身的价值产生了否定，于是亲手将计划书撕得粉碎。最终，小茹不断地受着自责的折磨，学习成绩却没有丝毫进步。

在这个事件当中，小茹对于计划书的否定态度，显然是一种情绪化的非理性评价。心理学上认为，一个人只要以超过百分之六十的比率执行他所制订的计划，就应该感受到一种充实或是成功的喜悦，不能因为少数几次违反计划就全面否定计划的价值，那样只能是对制订计划所花费劳动的否定。故事中的小茹并没有意识到，在自责当中她浪费了更多

的时间，忍受了更多的折磨，而她所期望的却始终没有出现，这难道不是浪费了自己双重的时间吗?

好的心态就像是一个天使，它们总是在舞动着自己的翅膀引导人们前进。尽管前面的路艰难险阻，大风大雨在所难免，但只要调整了心态，相信一切问题都能够迎刃而解。愿全天下的青少年都能够一路阳光，一路灿烂，一路精彩。

相信大多数青少年都有过这样的体会：当你刻意追求某样事物时，往往无功而返，而当你能放开心胸时，却总是出现“蓦然回首，那人却在灯火阑珊处”的惊喜。因此，有时候做人不能太较真儿，否则就会在无意之间丧失许多享受简单而又美好生活的乐趣。只有当你有了这样的心态时，才能更加坦然地面对自己以后的人生。

有人说，时间是不会变的，真正变化莫测的是人心！是的，捉弄我们的正是自己，只要能够改变不良的心态，化次为好，化好为优，那么相信以后的人生一定是阳光灿烂的。

人生在世，存在一些缺憾或是遗憾是在所难免的，应该敞开心胸坦然接受。如果总是沉迷于对过去的自责，总感觉自己过去浪费了太多的时间，那么就会让今天也变成浪费时间的昨天。想通了这一点，倒不如让自己忘掉过去，珍惜和把握现在的时光。

第六章

心无旁骛——让你的时间比别人更贵

中国有句名言："一寸光阴一寸金，寸金难买寸光阴。"它告诉我们：时间在人类生命中是很宝贵的。青少年犹如早晨八九点钟的太阳，朝气蓬勃，青春期是学习的黄金时期，因此青少年要端正态度，给自己树立目标，努力学习更多的知识，从而使自己迈向更高的山峰。

1 快速目标的直通车——“合作”

俗话说：“三个臭皮匠，赛过一个诸葛亮。”团结，历来是我们中华民族的传统美德。我们都是中华民族这个大家庭的一员，我们每一个人，应该不分彼此地去帮助别人，团结友爱，要形成一种良好的风气。一个国家、一个民族需要一种精神，也呼唤一种精神，一个集体也需要一种精神来维系、来支撑。团结会让我们的世界充满爱，充满爱的世界更需要我们的团结。

§合作就是团结力量

相信青少年们都听过这样一首歌吧：“团结就是力量，团结就是力量，这力量是铁，这力量是钢，比铁还硬，比钢还强……”这首歌让革命时期的人们，团结起来，打退了众多敌人。

韦伯斯特也说过：“人们在一起可以做出单独一个人所不能做出的事业；智慧、双手、力量结合在一起，几乎是万能的。”我们把“团结就是力量”这句话牢记在心头，更希望大家把团结让的力量体现出来，相信在以后的学习、活动、生活中，大家的团结合作肯定是最棒的！

团结，任何敌人都可以战胜；一个集体如果不团结就是一盘散沙。一个优秀的集体，它要具备如下几个优点：成绩优秀、心理健康、勤学文明、活泼向上、团结友善。最重要的，就是要团结。集体是一个大家庭，我们每个人都是其中一分子。

团结，是几种情感聚集在一起而产生的一种力量。要想团结，不需志同道合，只要每个人都用真诚去面对这个集体的每一个人，学会谦虚，学会倾听，学会冷静，在必要的时候让步，风雨同舟，同甘共苦，有福同享，有难同当。要知道集体的智慧是无穷的，团结就是力量，互助好比翅膀，友爱产生动力，和谐铸就辉煌。

有这样一个感人的故事：一片原始森林着火了，很多动物都因无法逃生而烧死在里面。突然，一个巨大的火球噼里啪啦地燃烧着，从大火中滚出来。火球越滚越小，终于滚出了火区，滚进了远离大火的池塘。这时，火灭了。黑乌乌漂浮在水面的一层，竟全是烧焦了的蚂蚁尸体。烧剩下的那个由蚂蚁组成的球慢慢散开来，球的中心，是它们的蚁后。

出乎意料的是，蚂蚁们组成了一个巨大的圆团，把蚁后裹在中间，它们以成千上万个生命的燃烧为代价保护了蚁后。这不仅是关于爱的问题，还包含着团结的意义。要是它们不团结，四处乱窜，那就没有一只蚂蚁留得住性命。但它们却依靠了团结的力量，保住了蚁后的生命，保住了蚂蚁的后代。团结能产生个人所无法产生的巨大力量，克服个人所无法克服的困难。群策群力，从而更好地完成目标和任务，实现自己的理想。

§ 合作能直抵目标

俗话说："团结就是力量""一个好汉三个帮""众人拾柴火焰高"等。青少年在学习和生活的道路上，离不开老师和同学的帮助，离不开爸妈的鼓励，更离不开团结合作的集体。

青少年可以想一想：新中国的成立靠的是什么？靠的是全国人民一条心；抗洪抢险的胜利靠的是什么？靠的是军民齐心协力；成功战胜"非典"靠的是什么？靠的是所有同胞众志成城！一滴晶莹的水珠虽然美丽，但经不起太阳的曝晒，个人的力量再大，也不能单枪匹马杀出天下，只有团结才会让人生之路更宽阔。老祖先告诉我们：天时不如地利，地利不如人和！

佛祖问弟子：“一滴水怎样才能不干呢？”弟子们冥思苦想，众说纷纭，但始终答不出来。佛祖说：“把它放在江河，海洋里去。”是啊！一滴水，风一吹便干了，只有投入大海才能永不干涸，可见团结就是力量。

有一种不知名的小草，柔弱无骨，弱不禁风，却能生长在一年四季刮着凛冽寒风的高原？而且长得郁郁葱葱，那是因为无名小草，一根靠着一根、一棵挤着一棵，互相扶植，互相帮助，才能开在高原，才能开遍祖国的山川！

愚公发动子孙带动四邻八方的人移走了太行、王屋两座大山；农夫让八个儿子分别折一根筷子和八根筷子，让争争吵吵的八个儿子明白细细的筷子团结在一起都有这么大的力量，何况是他们这八个强壮的人呢……

昔日草原人将狼作为图腾，因为草原人懂得狼群的团结精神，草原人受狼群团队精神的启迪，于是，区区几十万之众竟纵横亚欧无往而不胜！所以草原上，只有人与狼立足，草原上只有两种团体能够顽强生存——人群！狼群！

歌德说：“不管努力的目标是什么，不管他干什么，他单枪匹马总是没有力量的。”

一滴甘露，若不融于河流，只能消失得无影无踪；一粒沙石，若不安于泥土，只能飘忽得无处栖身；一只大雁，若不处于集体，只能寄希望于生命的可怜……团结就是力量，团结产生的力量是最大的。

青少年要明白合作的意义，与同学合作可以快速地攻克一个难题；与老师合作可以快速地完成一个任务；与家长合作可以快速地成长……在生活中，要懂得与身边的人合作，这样不仅会让你懂得团结的力量，也会让你更快地达到目标。

青少年要知道：每个人在世界上都不是孤立存在的。人类也因为有了同伴而有了生活，作为青少年的你，更应该懂得合作对于你的意义。只有懂得合作，生活才会充满乐趣，只有学会合作，才能更快地走向成功。

2 养成守时的习惯

时间就是生命，是用钱买不回来的。可是如今在这个金钱至上的社会里，一般人只知道爱惜外在的宝藏、珍品，渐渐地忘记了时间对人生的重要性。也有很多人看不到时间所带来的直观效益，认为时间并不重要，因而没有一点时间观念。

§守时，赢得他人尊重

守时，就是遵守约定的时间。守时能够保证事情有充足的时间去做，不守时的人做任何事情都会觉得没有充足的时间去做，所以就会面临着生存的危机。

与人交往中，守时可以增加别人对你的信任，说明你重视对方以及你们之间的约定。守时也反映一个人的精神气质，有守时好习惯的人，会在与他人交往中大大受益。

德国哲学家康德是一个十分守时的人。他认为无论是对老朋友还是对陌生人，守时都是一种美德，代表着礼貌和尊重。

1779年，他计划要去一个名叫珀芬的小镇拜访老朋友威廉。于是，出发前，他写了封信给威廉，说自己将会在3月12日上午11点钟之前到达。威廉回信表示热烈的欢迎。

康德3月1日就赶到了珀芬小镇，为了能够在约定的时间到达威廉那里，他第二天一早就租了一辆马车前往威廉的家。威廉的家住在一个离小镇12英里远的农场里。而小镇和农场之间，隔有一条河。康德需要从桥上穿过去。但当马车来到河边时，细心的车夫停了下来，对车上的康德说："先生，实在对不起，我们不能再往前走了，桥坏了，很危险。"

康德从马车上下来，看了看桥，中间的确已经断裂了，他知道确实不能走了。由于正是初春时节，河面虽然不宽，但河水很深，而且结了冰。康德看看时间，已经10点多了，他焦急地问："附近还有没有别的桥？"

车夫回答说："有，先生。在上游6英里远的地方还有一座桥。"康德问："如果走那座桥，我们以平常速度什么时候可以到达农场？"车夫回答："最快也得40分钟。"于是，他跑到河边一座很破旧的农舍里，客气地向主人打听道："请问你这间房子要多少钱才肯出售？"农妇听后，很吃惊地问道："这房子又破又旧，而且地段也不好，你买它干什么？""不用管我有什么用，您愿不愿意卖？""当然愿意，那就给200法郎吧。"

康德先生毫不犹豫地把钱付给农妇，并说："如果您能够马上从房子上拆几根长木头，20分钟内把这座桥修好，我将会把房子还给你。"农妇更加吃惊，但还是叫来了自己两个儿子，让他们按时把桥修好。

最终，马车平安地过了桥。10点50分的时候，康德准时赶到了老朋友的家门前。在门口迎候的威廉看到康德，高兴地说："亲爱的朋友，你还是那样守时啊。"

康德和老朋友度过了一段快乐的时光，在这期间，他根本没有对其提起为了守时而买房子、拆木头过河的经过。

后来，威廉无意中从那位农妇那里知道了这件事，便很有感慨地给康德写了一封信。信中说道："你真是太客气了，其实，老朋友之间的约会，即使晚一些也是可以原谅的，更何况途中你还遇到了意外。"

一向一丝不苟的康德，在给老朋友的回信中写了这样的一句话："在我看来，在一定意义上说，无论是对老朋友，还是对陌生人，守时就是最大的礼貌与尊重。"

在别人眼里，或许守时并不像康德认为的那样重要，但是，守时对于一个人的一生来说，是非常重要的。守时是一种美德。懂得珍惜时间的人，不仅仅要注意不浪费自己的时间，也要时时注意不能够白白浪费别人的时间。

管理好自己的时间，就是让自己无论在做什么事的时候都能够轻松应对、游刃有余。一个守时的人，必将获得别人的尊重。

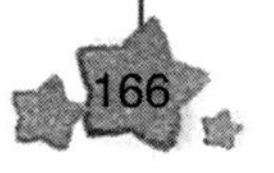

§做人必须要守时

从前有个年轻人，一天过桥遇到一个武艺高强的老头儿，于是想让老头儿教他武艺，老头儿便答应了，并让他在天亮时来桥边找他。第一天，年轻人等公鸡打鸣后去了，老头儿说天已经亮了，年轻人没有遵守约定，于是让他先回家，等第二天再来。第二天早上，公鸡还没打鸣，年轻人就出发了，但到桥边的时候，天已经大亮了，老头儿依然生气地让他第三天再来。年轻人干脆就没回，也没睡觉，在桥边守了一夜，终于在天亮的时候见到了老头儿。老头儿很高兴地教他学了武艺。

其实，不守时不仅仅是浪费自己的宝贵光阴，也是在浪费他人的时间。正所谓，浪费别人的时间就等于谋财害命。不守时，特别令一些要急着办事的人感到反感。

不守时的人会给人留下一个不良的印象。也许有些人为了显示自己的身份和地位，与人相约故意地迟到。其实，表面上看是显出身份，事实上却是自降身份，令人更反感。此外，不守时的人也会给人留下一个不能信任的印象，因此不守信用之人不可信任。守时不仅体现出一个人的时间观念，更能体现出这个人的道德修养。

可见，守时对一个人来说是多么的重要。我们做任何事情之前都要充分预备好时间，给他人留下一个好的印象。时间是人类唯一公平的拥有，不论穷富、才情高低，不分国籍，每个人一天所有的时间都是相同的，谁也没权利侵占别人的时间，更不应浪费别人的时间。所以，做人做事一定要守时。

守时、准时在今天应该是每个人必须建立的观念。守时是一种素质，德国有一句话：准时就是帝王的礼貌。作为青少年就更要养成守时的习惯。

3 不做时间的窃贼

朱自清在《匆匆》中这样描写时间：洗手的时候，日子从水盆里过去；吃饭的时候，日子从饭碗里过去；默默时，时间便从凝然的双眼前过去。我觉察它去的匆匆了，伸出手遮挽时，它又从遮挽着的手边过去。天黑时，我躺在床上，它便伶伶俐俐地从我身上跨过，从我脚边飞

去了。等我睁开眼和太阳再见，这算又溜走了一日。我掩着面叹息。但是新来的日子的影儿又开始在叹息里闪过了。在短暂的人生中，有多少的时间禁得住从水盆里过去，从饭碗里过去，从凝然的双眼前过去，从遮挽着的手边过去……

§充分利用自己的时间

青少年的时间更是弥足珍贵。青少年时期是学习、生活、工作的重要时期，需要在不断消逝的时间里打好人生的基础，一分一秒流走的时间都带走了青春年少的美好时光，如果不抓紧这分分秒秒，怎么才能将自己的未来之路变成坦途呢?

根据科学调查发现，美国、日本都是相当珍惜时间的国家。

早在200多年前美国还没独立的时候，美国启蒙运动的开创者、科学家、实业家和独立运动的领导人之一富兰克林就在他编撰的《致富之路》一书中，收入了两句在美国流传甚广、掷地有声的格言："时间就是生命""时间就是金钱"。

20世纪90年代初，中国辽宁青年参观团在日本出席一个会议，出国前团长准备了厚厚一叠发言稿，可是届时日方官员递上的会序表却写着："中方发言时间：10点17分20秒至18分20秒。"发言时间仅为一分钟。这在那些"一杯茶水一支烟，一张报纸看半天"的人看来，似乎不可思议，而在日本却是极为平常的。日本从工人到学者，时间观念都非常强。他们考核岗位工人称不称职的基本标准，就是在保证质量的前提下单位时间的劳动量，时间一般精确到秒。

一个人要想成功，就必须正确地认清时间的价值，如果一个人连时间都不知道怎么利用，那就像伸手去抓风的影子一样，最后什么也得不到。青少年在一开始就要学会充分的利用时间，形成这样的习惯，那你的时间就会像海绵里的水一样，越挤越多。青少年应学会用一倍的时间去做两倍的事情，当然，这并不是让人超负荷运转，而是充分地把时间利用起来。

知识是迈向成功的必经之路，对青少年来说，学习是目前最重要的事情。在这个关键的时刻要抓紧时间学习，制订出一定的学习计划。这样才能走向成功之路。

第一，根据自己的学习成绩，制订好的学习计划。

时间不分昼夜地穿梭在青少年朋友的身边，不论是早上还是晚上，青少年朋友都要好好地把握，要充分利用好每分每秒。俗话说："一天之际在于晨"，早上空气清新，环境清幽，是背书的大好时光。青少年是人一生中记忆力最好的时候，所以一定要好好利用一天中这三分之一的宝贵时间；上课时间老师讲的内容是最具精华的东西，是自己预习、复习不到的，青少年朋友上课要集中精力听老师讲课，下课后及时复习。当然，要很好地学习就要注意劳逸结合，下午是比较容易疲劳的。所以，中午有时间的话，要好好地休息，为下午好好学习做好准备。不管是课内还是课外，所有事情都要做一个笔记，尤其是老师讲过的东西，晚上没有什么外界干扰，仅仅做好今天的功课是不够的，还要复习老师今天所讲的内容，这样才能将老师讲过的内容烂熟于心，接下来预习一下第二天要讲的内容，这样才能在老师讲课的时候注意到自己不会不懂的疑点。

第二，自习课的时间也要好好地安排。

很多青少年朋友非常喜欢自习课，因为对他们来说在自习课上就可以做自己想做的事情，自习课也是非常重要的，是将自己所学的东西都做一下练习。有的青少年朋友把自习课都安排成了做作业的时间，这样做只能是浪费时间，要节省做作业的时间，就必须先把所学的知识都弄明白，对知识理解的透彻了，做起作业来就很快了，这样不仅复习了功课，还很顺利地做完了作业。做完作业还有利用的多余时间就做一下下

一节的预习，提前掌握重点和难点。

第三，今天的事情，今天做完。

今天的事情一定要在今天做完，这样才能更好地利用明天的时间。昼夜是分开的，晚上来临的时候，白天躲起来休息，但是时间是没有停歇的，要想充分地利用时间，就要牢牢地把握住今天，做好今天的事情，抓紧每一分每一秒，不让时间就这样白白地流去。

§把握好时间，不做时间的窃贼

“时间就是金钱”，有人经常把时间比作金钱，但是金钱怎么能和独一无二的时间相媲美？特别是青少年这个至关重要的时期。由于青少年时期正是学习、生活、工作最关键的时候，人们常说，学习就像盖房子一样，刚开始就要打好地基，否则一切都是白费力气。匆匆流走的时间就像停不下来的马达，如果青少年一味地浪费时间，自己前进的路就会被流走的时间一点一点地缩短。

时间是一个人最宝贵的财富，人的生命是时间一点一滴累积起来的，随着时间的慢慢流逝，生命也在不断地减少。青少年时期是人生的黄金时期，因此应该学会在宝贵的时间里多做一些有益的事情，让生命变得更加绚丽多彩，不做时间的窃贼，正确把握好自己的人生目标。

晋代时有一个叫车胤的人，年幼时就十分好学，并且很懂事，做起事来任劳任怨。年幼的他很喜欢读书，可是由于白天要帮家人干活，只能利用晚上才能看书，因为可以读书，所以他觉得很快乐，每天都很充实。他的家境很清贫，有时候甚至没有钱买灯油，于是他只能利用夜光比较明亮的时候看书。一个夏天的晚上，萤火虫的点点荧光在黑夜一闪一闪。车胤看到了，就想到了一个好办法。他捉来许多萤火虫，把一个可以透出光的小白布缝成一个小袋子，把抓来的萤火虫放在袋子里，这样他把这个布袋子吊起来，就成了一盏“照明灯”。

车胤的寒窗苦读，没有白费，最终成为一代著名学者，后来还成了一名深得人心的官员。

这就是著名的囊萤映雪的故事，车胤这种好学不倦的精神，时间的价值在他身上充分地体现了出来。他不仅珍惜时间，还很善于充分地利用时间，白天帮助家人去地里干活，晚上还不忘秉烛夜读，甚至是不顾家里的恶劣环境，想尽一切办法学知识，长见识。他的这种行为值得现代每一位青少年学习。

随着经济的高速发展，人们的生活水平不断地提高，青少年也一直生活在无忧无虑之中，在这么优越的环境中，为何不尽情地读书呢？快快抛弃一切杂念，不要做时间的窃贼，时间会让你成为一代天骄，也会让你成为一代无名小卒。还在犹豫什么呢？赶快行动起来吧！

青少年朋友们要记得养成良好的习惯，从每天早上开始就提前计划好这一天所要做的事情，对今天要学习的功课做一个安排，上课根据老师的讲解再做安排、补充。要想好自己什么时候复习讲过的功课，什么时候预习什么功课，什么时候阅读其他的课外书籍，自己制订的计划要按照自己的实际情况，一定要实施，否则就是废纸一堆，毫无用处。

小提示

我们学习的时间是有限的。时间有限，不只是由于人生短促，更由于人事纷繁。正是因为如此，我们应该力求把我们所有的时间用于做最有益的事情。

4 劳逸结合，学习要重方法

追求效率不是一天两天就能完成的事情，它需要青少年充分利用好时间，把自己想做的事情规划好，保证每天的学习量。一些青少年为了追逐某种事情以致完全沉浸在自我陶醉的状态里，最终才想起自己的任务还没做，这是错误的做法。青少年在学习过程中，要注重效率性，效率低就是在浪费我们宝贵的时间。

§ 学习应该适度

现在的很多学生都抱怨自己的学习时间是多么的不足，总是觉得老师为什么要布置那么多的作业，但却不知道每天放学一到家就一味地学习是没有效果的。整天沉迷于学习中，埋头算数，苦苦思考，这都不是好的学习习惯。青少年要在学习的过程中，要懂得劳逸结合，把握好自己的学习时间。

尽管有时候学习压力会很大，青少年还是要合理地进行学习，不应该把自己完全置身于学习中，苦闷于学习的烦恼。

张小帅，某中学的初二学生，一直是个很爱学习的学生。学习成绩自然不用多说了，每次都是老师一布置作业就第一个按时上交。但是，最近不知道怎么回事，他的学习成绩直线下降。这不免就引起了老师的关注。王老师在一次家访中发现，原来，每天张小帅都学习到夜里12点才睡觉，甚至有时学习学得连床都没睡过就又醒了，然后就又去上学了。

从这个事例中，不难看出，张小帅学习成绩下降是因为他没有做到劳逸结合，只是按照自己所想的去学习，没有充分认识到学习的科学性。

学习要懂得科学地去学，在学的过程中，把握自己的时间规律，合理地分配自己的学习任务，而不是刻意去学习，正如张小帅一样，夜里学习到那么晚，可学习成绩竟然还是一落千丈，收效甚微。这就证明了，一个好的学习的方法也是至关重要的。

§ 做到劳逸结合

青少年正处在身体的生长发育时期，与成人有着不同的心理特征，不要认为不想写作业就是一种不好的行为，其实这也是一种正常的心理特征。青少年朋友应该懂得，时间对于我们来说是最宝贵的东西，千万不能浪费。但是，要学会根据自身的情况，合理地安排作息时间，让自己有充足的学习时间，而且也不会耽误其他的娱乐活动。在经过紧张的学习之后，大脑也需要放松一下，以转换兴奋中心，消除疲劳。这一切都是保证学习质量的好方法。

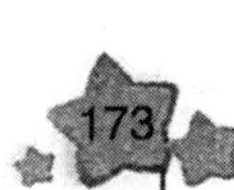

正在读初三的小红就是一个很会利用时间的好学生。面临中考的她，没有其他孩子的紧张，没有其他同学的焦虑，她把生活与学习安排得妥妥当当，有学、有玩，每天乐在其中。她的学习方式的确令周围的同学羡慕，其实用她自己的话来说：这也没什么，我就是把时间重新分配了一下，让自己在某段时间，专心地去做某件事。这样一来，不仅各方面都能得到满足，也让自己养成了做事专心又出效率的好习惯。

小红的时间是这样安排的，希望青少年朋友以此参考借鉴，也让自己在时间中游刃有余，处理好学习与玩乐之间的关系，做到劳逸结合。

第一，列一张作息时间表。有了明确的作息时间表，就等于有了一个无声的老师在监督你，而这个老师其实就是你自己。你可以按时间表的规定进行作业、活动与休息，长期坚持下去，你就会发现，你已经养成了做事有计划有条理的好习惯，而且学习效率也提高了很多。

第二，让自己在最佳时间进行学习。什么是最佳学习时间呢？俗语说：一日之计在于晨。你可以利用清晨的时间来进行学习，因为清晨醒来是记忆效果最好的时间，是学习的最佳时间。另外，晚上临睡时，把一天学习的内容“过电影”，也有利于记忆。

第三，给自己一个交错学习的方法。心理学研究证明，学习同一内容的时间过长会使学习效率大大降低。当你的作业负担过重的时候，你就可以让自己运用交错学习的方法，即做一部分语文作业后，换作数学作业；完成一部分背诵、记忆作业后，换作非记忆性作业。同时，你还可以把生活中的零零碎碎的时间利用起来，如上学、放学的路上背几个英语单词或几个数学公式；外出游玩时，将所见所闻做些即兴口头表达训练等。这样做既可以减轻大脑的疲劳，也可以提高学习的效率。

一首《今日歌》道出了时间的宝贵性，青少年在这美好的年华，更不应该浪费宝贵的时间。因此，学会时间管理是青少年学习的一个重要的课程。在每天放学后，复习当天的知识，完成当天的作业，然后预习一下明天的课程。

青少年在学习的过程中，学会劳逸结合是非常重要的。努力让自己做一个懂得劳逸结合的青少年，相信你一定是最棒的那一个！

5 不做无谓的无用功

很多人都喜欢把事情做到尽善尽美，没有一个人是希望自己做些没用的事情的。但是，对于青少年来说，其身心发育还不够完善，有时会浪费很多宝贵的时间，最后才发现自己做的是一些无用功。因此，我们要尽力去改变这种现状，不做毫无意义的事情。

§宁可全做，也不少做

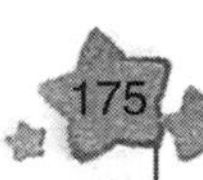

无用功是指，做事情没有利用的价值。尽管尽心尽力地去做，却还是一无所获或者收效甚微。这就是所谓的无用功。

青少年成长时期，肯定也会有做些无用功的事情。在这一个时期，青少年的人生观、价值观还没有完全形成，对任何事情考虑得还不够全面，这就造成了做事情不考虑后果就盲目地去做。做完以后，才发现原来自己做的全是没有任何用的。

某实验高中的李春，他特别喜欢做实验，因为这是自己的兴趣爱好。所以，他进了自己喜欢的高中去学习。曾有一次，生物老师让他们所有的学生都去实验室做生物解剖，李春兴趣高涨，老师发给每一位同学各一条鲤鱼、一把小刀和一个镊子。李春还没听老师讲完实验的步骤，就把鲤鱼的头和身体给切了个粉碎。最后听到老师说："这次是我们解剖鲤鱼的膘、脏等器官。"李春一听，立刻就傻了。

这就是做事情完全不考虑后果，因为李春盲目去解剖鲤鱼，把鲤鱼

不该解剖的部位全都给解剖了，最后需要学习的部位，他却是什么都没学习到，这就是所谓的无用功。

生活中，我们也会做一些无用功，这个时候就看青少年如何把握自己的学习时间了，利用好上课的学习时间，做些有价值的事情，而不应该去做那些没有任何意义的事情。只是凭一时的心情去做，就是欠理性的表现。

真正的聪明都是那种能善于运用自己的智慧去创造奇迹的人，而不是整天高喊“宁可不全做，也绝不少做”的人，作为一名学生，无论是学习还是其他的方面，出功劳、出成绩才是学生该表现的。

不重视质量只重视过程，不重作用只重程度，这就是无用功的做法。很多青少年觉得自己在学习上付出了很多，但是为什么收效甚微呢？无用功就是其最根本的原因。

把自己做的想得太过于复杂，做了很繁杂的过程，却在最后一刹那夭折了，结果导致自己前功尽弃。这都是无用功所带给自己的弊端。

§ 学习宁可不学，也不做无用功

人生有很多的事情，都不是简单就能做好的，但也不需要浪费自己太多的精力。只要出效果、出成绩就好。现实中，一些企业，正是在“不做无用功”这种理念的感召下，仅仅在几年时间里便一跃而起，就组成了国内外知名的大企业。企业最重视的就是你的“功”，而不是你的付出。

青少年也是如此，在学习的过程中，做事情时要注重效率，而不是自己付出的多少。

张华是全班学习最好的一名学生。每当有同学向他请教问题时，他都能很专业地给同学们讲解。但是，唯一值得人疑问的就是，张华从来不埋头苦学。一到下课铃响后，张华是第一个冲出去玩耍的人。

有一次，在开全体教学大会上，同学们都很疑惑张华的学习。张华说："我的学习就是在该学的时候去学，不学的时候坚决不做多余的事情。"最后，有个同学很惊奇，就去翻看张华的书，发现张华在自己的语文书上，写了很多标题，这样一翻书，自己就可以清楚地知道自己这节学的是什么。

张华的学习就是有效率地去学，科学地去学。其实，真正意义上说，学习并不是一件很困难的事情，就看你如何正确地把握自己的学习了。学自己需要学习的，坚决不去学那些无关紧要的东西，在学习时，宁可保证自己的效率，也不去多学无谓的东西。这样，才能让自己学得更加有兴趣。才能达到自己所希望的学习目标。

学习宁可不学，也不去做无用功。在不学的同时，自己的大脑处于一个休息的状态，灵活多变，而且还可以缓解学习上的压力，避免重复学习上的错误。但是，做无用功，就不是这样了，它是在你学习的时候，虽然知道了很多的知识，却对自己的目标没起到一定的推动作用，只是一味地付出自己的辛苦与努力，却没有效果。青少年的付出，在家长和老师看来，只是蛮学，而不是真正地用心去学习。

总之，青少年在分配自己时间的同时，要避免去做那些无用功，做到科学地去学习，在自己的人生生涯中，多去做些有意义的事情，只有这样，才能让自己的人生变得更加精彩。

6 做事在速度上提高效率

“忙”字代表了很多人共同的生活状态。透过“忙”字的背后，我们既能够看到辛勤劳动换来的收获和喜悦，同时也可以看到时间和精力上的浪费，造成这些浪费的原因有很多，其中最主要的就是“忙”得没有效率。

在这个科技高速发展的时代，无论是工作还是生活，人们都讲求一种高速度、高效率的原则。青少年在学习中，更需要达到高速度和高效率，只有这样才会有一个好的收获。

§高效率，才有好回报

对于个人而言，效率和收益，是画等号的，唯有高效率的忙方能为自己创造价值；对于企业而言，组织结构的效率是“双刃剑”，高效率既加速正确行为，也加速错误行为；相对来说，低效率的组织结构则是以内耗来减缓正确行为，也以迟缓的惯性来阻碍错误行为。而只有高效率地做事，才有利于企业的发展。

在任何的企业中，质量都是非常重要的。质量是企业常青的基石。比如，产品的质量、服务的质量、与顾客沟通的质量、员工满意度的质量……自始至终贯穿于企业运营中的每一个过程、每一个细节，这是企业可持续发展的灵魂。产品的速度与质量影响着企业的效率。一般来说，任何一个优秀的企业，只有优异的全面的质量管理，才能有效地提升企业的效率，保持企业的活力和竞争力；而没有质量保证的企业很难长存下去。

小明在一家私营企业里上班，有一天，有一位客户来到公司说要买无线上网卡，但公司里只剩下最后一块，而且这块是两三个月前一位客户更换了的、需要发出去的返修品，怎么办？小明急得像热锅上的蚂蚁，不知如何是好。如果不卖的话，那么就会白白地放跑了一笔生意，这对于每一个生意人来说都是一件非常痛苦的事情。但是，如果就这样卖给客户的话，这样的产品会损害公司的名誉，这是因小失大，实在不该。那到底该怎么做呢？

思考再三，小明决定先让员工给安装，他这边立即打电话告诉供应商马上送货过来，在他的再三催促下，供应商送货来了，客户的问题也得到了圆满的解决，而且对于上网卡以外的服务，他们也尽心地为客户做了最满意的服务。

从上面这件事中，我们可以看出两个问题：其一是供应商不马上送货来，今天会怎么样呢？让公司损失这笔生意，或者损失公司的名誉？相信无论结果是什么，都不是小明乐意看到的。第二，如果当时马上把这个坏的网卡进行了处理，现在又将会怎么样？因此，我们不难发现，效率始终是一个事业成败的关键点，小小的事情可以反映出你的效率，提高效率将会让你事事顺利；同样，一点点的耽误，你就会惹出一些大的麻烦。

要知道只有高速度和高质量的服务才能产生高效率。

§学会思考

提高效率，就必须“揪出”那些阻碍效率提高的问题，并彻底地把它们消灭。

有一位年轻人，通过一件小事，使他深刻地体会到，从平凡单调的

服从性工作中也能创造绩效，建立大功劳，只要你发现了问题的所在并去解决它。

故事发生在美国。那时的美国正兴起一股石油开采热，有一个雄心勃勃的小伙子，也来到了采油区。但是，相对于其他发了大财的人们来说，他只找到了一份简单枯燥的工作，其中简单枯燥到只要他服从命令、重复操作就行了。这是一份连一个小孩子都可以胜任的工作，就是巡视并确认石油罐盖有没有焊接好。做法是这样的：当石油罐从输送带移动至旋转台上时，焊接剂便自动滴下，沿着盖子转一圈，作业就算结束。

这个小伙子每天重复这样的事情，一天好几百次地注视着这些，内心非常地不平衡，于是，有一天他去找主管要求换工作。主管听明他的来意，只冷冷地回答了一句："你要么好好干，要么另谋出路！"面对如此毫不留情的话语，他无地自容，真想辞职不干了。可是，当时对他来说找一份工作真不是那么容易的事情，考虑到这一点，只好忍气吞声回到了原来的工作岗位上。

有一天，这个小伙子突然有了一个想法：既然平时一向认为自己很有创造性，为什么不从这平凡的工作做起呢？尝试解决一下工作中的问题？于是，他对自己的工作进行了细致的研究，从中发现了一个大问题：罐子每旋转一次，焊接机滴落三十九滴焊接剂，而实际只需三十八滴就够了。经过反复地研究与试验，他终于试制出一种"三十八滴"焊接机，并推荐给公司。可别小看这一滴焊接剂，它给公司带来了每年五亿美元的新利润。这位了不起的年轻人，就是美国著名的石油大王约翰·洛克菲勒。

其实，在现实生活中，存在着很多无用的"忙人"，他们每天"忙忙碌碌"地上班，"踏踏实实"地工作，不惹麻烦，不出乱子。结果呢？正是在他们"忙碌"的表象之下，一个又一个的问题被掩盖了，他们没有时间去思考、去解决。当然，他们的忙也就无所结果，所以对于任何人来说，都应该拥有良好的工作心态，要讲求绩效。不要苦干，要实干；不要徒劳地忙碌，要使问题得到解决。

因此，青少年在做任何事情的时候，要追求一定的速度，保证速度快的同时还有好的质量，提高自己的学习的效率，而不是消耗了自己的很多精力却换来了劳而无获的结果。要做到用心、用大脑去思考事情的全部过程，这样才能使自己的办事效率得到一定的提高，人生方向更明确。

7 准确定位自己

现在越来越多的青少年为了给自己一个准确的位置，盲目地去追求，无目的地给自己定目标。最后，目标不但没有达到，还浪费了许多宝贵的时间。人生中最重要的不是奋斗了多少，而是奋斗前做的选择，选择就意味着要给自己一个准确的定位。人生在世几十年，如果没有一个准确而清晰的定位的话，会让自己走很多的弯路，甚至会遭受更多的挫折。

§找准自己的定位

在这人生宝贵的青少年时期，给自己找准定位，是指引人生道路的“北极星”。

人的生命是有限的，在有限的生命中给自己一个准确的定位，然后朝着这个方向去努力。青少年时期，是人生的刚刚开始，是慢慢萌芽的种子，需要不断追求，茁壮成长。每个人为了心中的梦想，都在孜孜不倦地奋斗努力着。

王红，某重点高中的高三学生，性格好胜，在哪方面都想比个高低。因为她酷爱文学，文科成绩一直是班级里最好的，可是她的理科成绩却很一般，总成绩还是排不到班级里的前几名。

有一次，当她无意间听同学们说：某班的文科代表在期末考试中，总成绩是年级第一，学校将保送这位学生入北师大。她听了之后，心里很不是滋味，论文科成绩她胜一筹。从此以后，她就把自己定位于北师大。殊不知，她一直是个“瘸子”，理科成绩很难赶上去。每次上理科课，听不懂就学文，文理成绩相差越来越大。要知道，高考成绩是综合来评比的。

最后，她把大量的时间都花费在了文科上，别说北师大的大门没踏进去，就连离本科线还差几分。

在学校，像王红这样的偏科找不准自己的定位的现象是越来越多，或盲目地给自己定位，给人生造成很大的损失。人生的道路并不是一帆风顺的，有时成就只是暂时的，而不是永恒的。也许你因为骄傲自满，会遭受挫折。但是你可以又重新开始，在这个不断循环的过程中，你会失去很多东西，消耗自己的生命。

如此这般，在生命中的每一个阶段，都有一个位置问题的存在。位置并不复杂，在提升生命质量的过程中，位置都是由低到高，慢慢地循序渐进的，每个位置都有自己的表现，不能逾越，不能跳级。

在懂得了这些以后，再给自己定位，就有了一个准确的方向。因此，一个人要懂得把握分寸，再加上持久的努力，你才能在人生大舞台上演好自己的角色。

§ 准确定位自己

在人生中，人们最关注的就是自己。当拿到一张集体照时，你的第一个目光肯定会落在自己身上。每天早上，面对着镜子里面的人，你不妨问问：他(她)是谁？请不要感觉这话太傻。俗话说：一个人最大的敌人莫过于自己。要战胜自我、了解自我这个最大的敌人，就是认清自我，客观地评价自己，但是，又有多少人了解自己呢。

有这样一个人，他为了生活想砍一棵大树以换取钱养活家人。来到森林里面，他到处寻找，终于发现了他理想中的目标。他满心欢喜地用三天工夫砍倒了这棵树，最后却发现自己根本就带不走它，因为树太大了。如果在寻找目标的时候，他找的是一棵自己能扛得走的树，也许早就扛走了，用卖树的钱买了粮食，正与家人围在饭桌前谈天，在欢笑里等待饭熟。

这个人的心很大，但是却忘记了自己的力量很小。于是，结果当然不能如他所愿了。

砍树人错就错在没有给自己一个准确的定位。许多人都在瞪大眼睛寻找财富，他们贪婪地想把世界上每一样美好的东西都揣进自己的怀里，不料辛辛苦苦忙碌了好一阵子到头来却两手空空。真正有智慧的人懂得收敛内心的欲望，只选择自己够得着的果子去采摘，而不会把自己的小聪明当成是大智慧。

诚然，一个人要想真正地了解自己，认识自己，又谈何容易？一辈子没认识自己而做出了令自己追悔莫及之事的大有人在。在今天，还有很多人正是由于不认识自己，不充分了解当今这个社会中的情况，而受不得一点点挫折、打击，悲观、失望、苦恼、抱怨、彷徨，终日在唉声叹气、无所事事中荒废时光。

认识自己并不是一件容易的事，它需要我们对自己有一个最起码的认知，这是做人的一个最起码的要求。也就是有自知之明。而对于有些人来说，自己是什么样的人，自己不知道。由于难得有一个真实的参照系来评估自己，所以，大家往往会很容易地干傻事。

青少年朋友们，认识自我，就是要客观地评价自己，既不高估自己，也不贬低自己；认识自我，就是要认识自己的优势、劣势，自己的与众不同和发展潜力；认识自我，就是要认识自己的生理特点，认识自己的理想、价值观、兴趣爱好、能力、性格等心理特点；人生有限，面对如此众多的信息，少一点盲目，多一份努力吧！

每个人都有属于自己的位置，但要想找到适合自己的位置，就不是那么简单了。只有找到自己的长处，给人生一个准确的定位，才能取得真正的成功。如果没有给自己确定一个准确的位置，你就可能会找不到正确的方向。有很多成功人士所取得的成就，首先得益于他们根据自己的特长来进行定位。如果不充分了解自己的长处，只凭自己一时的想法和兴趣，那么定位就不准确，也就是说有很大的盲目性。

在现实生活中，很多人对自己不了解，对人生没有明确的目标和抱负，更不用说对人生的规划。有的只是得过且过，过了就忘。有这种人生态度的人，不要说取得全面的“革命胜利”，即便在某一领域努力钻研个十年八年的，或者是一辈子，都不会取得很大的成就。

8 专注，走向成功的方向

专注的可贵之处，就在于耐得住寂寞，经得起时间的考验。在困难和挫折面前始终坚持不懈，并寻求重点突破，最终铲除困难，直至成功。

§ 你专注，你就会成功

中央电视台的《动物世界》节目曾播出过美洲豹猎捕羚羊的镜头，猎豹一旦锁定了猎食对象，就会从始至终紧追不放，对追捕中离自己极近的其他羚羊会视而不见，因为它知道，如果重新选择目标，意味着一轮追杀又要从头开始。它给人们一个有益的启示：无论干什么，专注于一个目标去奋斗。比尔·盖茨说："成功者最大的优势在于专注。"正是美洲豹的专注，所以羚羊就肯定是它的猎物。

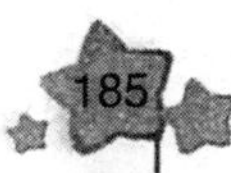

美国19世纪哲学家、诗人爱默生说："一心向着自己目标前进的人，整个世界都给他让路！""一心"就是聚精会神，心无旁骛，不受任何干扰，专注于一个目标。

时间最能考验人的意志，困难最能磨炼人的意志。执着似乎与顺境无关。在人生和事业的追求过程中，困难和挫折在所难免，面对这一切，坚守和执着进取的意义就会非常突出。专注一时者众，而专注数载者寡。许多大事之成，不在于力量大小，而在于坚持多久。正如贝多芬所言："涓滴之水终可磨损大石，不是由于它力量最强大，而是由于昼夜不舍地滴坠。"蜗牛爬得多慢，但它永不停歇，也能爬到目的地；蚂

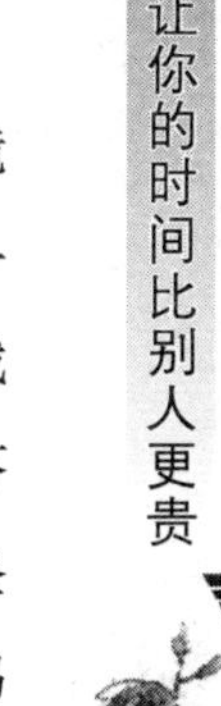

蚁的力气不大，但它一点一点地挪动，能把比自己体重大得多的食物搬回家。

马拉松赛是一项考验体力和耐力的运动，只要身体素质好又有耐力就有希望夺冠，爆发力和速度都还在其次。1984 年，在东京国际马拉松邀请赛中，名不见经传的日本选手山田本一出人意外地夺得了冠军。意大利国际马拉松邀请赛在意大利北部城市米兰举行，山田本一代表日本参加比赛。这一次，他又获得了冠军。记者和广大体育爱好者都对他的成功非常感兴趣，却又不知道其中的奥妙。他在自传中写道："每次比赛之前，我都要乘车把比赛的线路仔细地看一遍，并把沿途比较醒目的标志画下来，比如第一个标志是一家银行，第二个标志是一棵大树，第三个标志是一座红房子……这样一直画到赛程的终点。比赛开始后，我就以百米冲刺的速度奋力地向第一个目标跑去，等到达第一个目标后，我又以同样的速度向第二个目标跑去……40 多公里的赛程，就这样被我分解成几个小目标轻松地跑完了。起初，我并不懂这样的道理，我把我的目标定在终点线上的那面旗帜上，结果跑到 10 多公里时就疲惫不堪了，我被前面那段遥远的路程给吓倒了"。

青少年在做事情的时候，也应该明白专注的价值所在。专注一件事情时，最好将此事分成一个一个的小目标。目标有大有小，专注于某个目标时，还要有智慧的参与。上述事例中，日本选手山田本一就是由小目标到大目标，勇往直前，一步步走向终点。

青少年亦如此，在学习中成长，善于学习，但是学习时更需要专注长远的目标。因此，首先树立一个明确的目标，养成专注的精神，勇往直前。

§人生需要专注

俗话说：滴水穿石，功在水滴的专注；铁杵成针，贵在磨针人的执着。生命之路总有无奈，而执着与专注却让它更加精彩。没有相对的永恒，专注才是永远。因为执着没有期限，要坚持就必须超越时间。

一个人的精力是有限的，把精力分散在好几件事情上，是不明智的选择，而且也是不切实际的做法。专心做好一件事，就能有所收益，能突破人生困境。如果一下想做的事情太多，反而哪一件事情都做不好，结果两手空空。

有一位来自农村的妇女，没读完小学，语言表达都不太熟练。因为她女儿在美国，所以她申请去美国从事户外工作。她到移民局提出申请时，移民官看了她的申请表，询问她的“技术特长”是什么。她说会“剪纸画”，说着她从包里拿出剪刀，轻巧地在一张彩纸上飞舞，不到3分钟，就剪出一组栩栩如生的动物图案。移民官员连声称赞，她申请赴美的事很快就办妥了。

一个没有学历、没有工作经验的农村妇女，凭着一项与众不同的特长，得到了社会的承认，拥有了其他人不能获得的东西。可是在我们身边，却有许多人走入误区。尤其是一些青少年，在学生时代，却总想着去社会上“闯荡”一番，结果荒废学业，浪费时间，不专注于某个目标，总是东想西想，漂浮不定。还有一些大学生在校读书期间，忙着考这证那证，证书弄了一大摞；忙着做主持、当模特，业余职业换了一个又一个，但毕业之后却很难找到一份合适的工作。原因是他们分散了自己的时间和精力，没有专注于某一件事情，结果总是事与愿违。

美国一个成功学的研究机构曾经长期追踪研究100个年轻人，直到他们年满65岁。结果发现：只有1个人很富有，有5个人有经济保障，剩下94人情况不太好，可以算作失败者。这94个人之所以晚年拮据，并非年轻时努力不够，主要原因在于不专注于自己的目标，不执着于自己的目标。殊不知，有目标，才有斗志，才能发掘出人们的潜能。目标，不只是理想、也是约束，有了约束才有发展。对跳高运动员而

言，如果不在他的前面放一根横杆，可以肯定，他永远也跳不出好成绩来。正确的方法是，不断升高横杆，让他不断地超越。有了目标才会使心态更加积极、专注和执着。

在青少年成长的道路上，学业是第一位，一定要专注于自己的学业，执着于属于自己梦想中的那个目标，坚持不懈地走下去。

专注能够创造奇迹，专注有点石成金、化腐朽为神奇的力量。对于青少年来说，专注是能高度集中于某一事物的能力，注意力的集中与否直接关系到青少年学业的好坏和将来是否有所作为。

9 学会沟通更节省你的时间

沟通是一门学问，也是一门艺术。说沟通是学问是因为任何沟通都是有其本身的目的，把握住沟通的目的，同时掌握沟通的要领。将相互的理解或者思想表达出来是需要练习和实践的。说沟通是一门艺术，讲的是沟通是技巧，其中包括语言的、非语言的、外部因素、交流双方对事件的认知度等。

§ 生活中需要沟通

科学研究表明，一个人在醒着的时候，有70%的时间都会花在沟通上，沟通可谓是无所不在。青少年朋友们，你们知道吗？你与同学打交道，与老师讨论问题，与父母沟通生活，与邻居问好……都是在沟通。好的沟通会让你省去更多的时间，然后再去做其他事情。

沟通的目的有很多，最浅显的一个目的便是信息的传递，信息的传递包括单向传递和双向传递。沟通的高一级别的目的在于沟通的影响性，也就是我们通常所认为的去“说服”另外一方的行为、思想等。

正在读初三的丽丽最近很苦恼，因为她想参加市里举行的演讲大赛。一方面想锻炼一下自己的胆量，另一方面想通过此次活动加强一下自己的文学能力。可是，在演讲的准备上面，她犯了愁，关于演讲内容的准备，手势的加入，面部表情等，这让她一筹莫展。原来信心十足的她，遇到问题时，才发现演讲不是一件简单的事情。

她皱着的眉头被妈妈发现了。于是，妈妈告诉她说：可以找老师和同学们帮忙。第二天放学后，她就找到语文老师，把自己的想法和老师作了沟通与交流，老师很欣赏她的勇气，于是就主动帮她训练，最后还让她在班里试讲过几次。在老师和同学们的指点与帮助下，她很快就掌握了演讲的要领。在那次演讲的最后，丽丽拿到了银奖。她最后总结道：没有和妈妈的沟通，没有和老师的沟通，我不可能会拿奖的。

每个人都不可能独立地活于世，尤其是在今天这个时代，更需要理解与沟通。心灵的默契，言语的合拍，动作的和谐，不是每个人都能悟到的，因为每个人环境不同。沟通，再沟通，简单的事情重复做，同学之间才会多些理解，少些误会，才会友谊长久，心情才会快乐……

§沟通省时——人生畅通无阻

人与人之间最宝贵的是真诚、信任和尊重，其桥梁是沟通。沟通是一个过程，是一个交流思想，传达意识，发表看法的过程。既然沟通如此重要，我们理应学会，而且越早越好。沟通能力常被人误解为一种

说话技巧。

其实沟通是一种正常的交往，也只有沟通在先，才会让你的事情处理得更加顺利。丽丽就是一个很好的例子，正是她及时地与家长、老师沟通，最后让事情进展得很顺利。人与人之间，沟通无处不在，没有了沟通，一切都是无声的。我们应该细细体会其中的奥妙。生活中没有沟通，就没有快乐人生。沟通，是通往彼此心灵的桥梁，是促进交流情感的一种方式。良好的沟通，让我们处处畅通无阻。

圆圆与芳芳是一对好朋友，她们从小学就在同班，来到初中，刚好又同在一个班，这让她们俩兴奋了好一阵。可就是这样的好朋友，也有闹矛盾的时候。一天，因为芳芳没有和圆圆打招呼，放学后没有等圆圆一起回家，却和班里的另一位女孩一起走了，圆圆就以为芳芳不理她了。接着，第二天，圆圆就不理芳芳了，这让芳芳感到莫名其妙。

放学回家后，她把这件事情告诉了爸爸。爸爸说：你应该和圆圆沟通一下，说明你没有等她的原因，我想你们两个会和好的。芳芳听了爸爸的话，给圆圆写了一封信，把事情前前后后给她说了一下。圆圆看到信后，开心地笑了，放学后，两个人又一起牵着手回家了。

其实，生活中有很多误会都是没有及时地沟通才变得一发不可收拾的。所以，青少年朋友应学会与身边的人进行沟通。当生活中有问题时，要及时与父母沟通；当学习上有问题时，要及时与老师和同学沟通，这会让你少走弯路。

英国作家萧伯纳很形象地说道：如果你有一个苹果，我有一个苹果，彼此交换，那么每人只有一个苹果；如果你有一种思想，我有一种思想，彼此交换，每个人就有了两种、甚至多于两种思想。德国心理学家爱利希·弗罗姆说过："我们每一个人均有与他人沟通的需要，人类可利用沟通克服孤单隔离之痛苦，我们有与他人分享思想与感情的需要，我们需要被了解，也需要了解别人。"

青少年应该记住：沟通能力是做人最基本的一些素质，是诚信、责任、意志、创造、视野、爱心、亲和、平实等的集合力。人之所以伟大，就在于人有沟通能力。

时间对于青少年来说，也许是一个没有概念的物体。但是，你要知道，时间是一去不复返的。青少年若学会了与人沟通，就会发现原来可以节省很多时间，让自己去做更多喜欢做的事情。

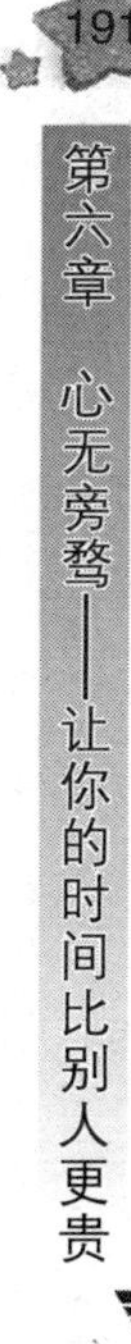

刷新自我——时间青睐于有特质的人

著名的数学家华罗庚曾说过：“时间是由分秒积成的，时间是赋予懂得利用零星时间的人。”这就是说，时间的价值是通过我们的利用才能体现出来的。青少年应该懂得珍惜时间，学会科学利用时间，思考、自我管理、有计划地学习，只有这样，才能成为一个有着特殊气质的全新自我。

1 谦虚，提高你的学习效率

古人云：学者之病，最忌自高自狭。峭壁是自高者，雨过后，须臾溜散，不能分润；自狭者，如瓮盅受水，容担容斗，过其量则溢矣。夫好学者，其如海也，受九州而不满，旱十年而不枯。

§ 谦虚能使人不断进步

学习的大敌就是自以为是和骄傲自满，这样会使人走向无知，走向失败。在学习的道路上，只有永不自满，懂得谦虚，才能使人进步。自古以来，谦虚就被人们称之为传统美德，有许多这方面的格言警句启迪后人，如“谦受益，满招损”，“虚心使人进步，骄傲使人落后”，“虚心竹有低头叶，傲骨梅无仰面花”，“百尺竿头，还要更进一步！”

一位清华的学生，在给学弟学妹们介绍自己的学习经验时，他这样说：“戒骄戒躁，宁朴毋华。”学习的最好习惯就是踏踏实实地学习，不搞“面子工程”。踏实的态度表现在两方面：对内和对外。

对内，即对自己，要做到真实，“知之为知之，不知为不知，是知也。”不要欺骗自己，没有搞懂的知识一定要弄明白，没有完成的功课一定要完成，没有完成的学习任务一定要补上，千万不要遇到困难就退缩，坚持是最好的解决方法。不要追求一时成绩而做“临时抱佛脚”式的用功，要做每天进步一点的长久努力。

对外，要做到谦虚，巴甫洛夫说：“无论什么事，都把自己当作一个门外汉。”不要以为自己什么都会，其实离“高手”的境界还差得很

远。"三人行，必有我师"，别人身上都有值得自己学习的地方。不要瞧不起别人一个微小的优点，将这些小优点汇集起来就能造就一个伟大的人。遇到自己不懂的问题，要虚心向别人请教，不要以"我与他不熟"或"我不喜欢他"为借口。学习是独立于人际关系之外并能改善人际关系的事物。学习时放下架子，知识的大门才能为你打开。

古人云："满招损，谦受益"。从上述这个例子来看，谦虚是一种美德。一个人只有做到谦虚，才会看到自己的不足，才会不断追求新的知识，取得学业上的进步。反之，骄傲自满，是学习、生活中的大敌，是青少年成长路上的绊脚石。

老子说："知，不知，尚矣；不知，知，病也。夫唯病病，是以不病。圣人不病，以其病病。"自己已经很渊博了，还总是认为不足的人是最高尚的。自己明明知之甚少，还要装作知识渊博的人就会不断出差错。只有严于律己，时时鞭策自己不要出差错的人，才会取得真正的进步。圣人之所以很少出差错，就是因为他们严于律己，时时鞭策自己不要出差错。虚心去接受批评的人，永远都在完善自我进而取得成功。

§谦虚，提高你的学习效率

自古以来，谦虚就是中华民族的传统美德。也正是有了谦虚，才让你明白知识的意义，才让你在知识面前永远低下头来去学习。另外，谦虚还可以帮你提高学习的效率。试想，谦虚的你在他人帮助下，不耻下问，你的学习就会进步得很快；在同学的帮助下，你会想"三人行，必有我师"，你就会成长得很快。无形之中，你不但提高了学习效率，也节省了大量的时间。

青少年要想在学习上有所提高，一方面要自己踏踏实实地去学习，另一方面就是要谦虚地向身边的同学学习，学习他们的长处，弥补自己的不足。

下棋找高手，弄斧到班门。华罗庚一生的主张是能者为师，有机会就学。他说：“自己承认差一点，工作加油一点”。

1955年在厦门大学数学系资料室工作的陈景润，按照李文清老师的建议，开始研读华罗庚的名著《堆垒素数论》。为了透彻地掌握这部著作，陈景润把书拆成一页一页的，走到哪里就读到哪里，整本书，读了二三十遍，对每条定理都了如指掌。后来，他在书中有关“它利问题”的论证上，发现了一个难以觉察的差错，就提笔写了一篇改进华罗庚先生的结论的论文，由李文清老师托人转交给了华罗庚。另外陈景润还给华罗庚写了一封信，他信中是这样说的：“明星上落下的微尘，我愿帮您拭去。”

已经写出《堆垒素数论》这样享有盛誉的华罗庚，面对当时还名不见经传的陈景润发现的问题，他虚心地接受了，承认“差一点”。然而，后生可畏的感觉，并无损于他的自信。因为，对他来说，改进的那个结论，只会使自己的著作更接近真理。

从华罗庚的身上，我们可以看到他的为人师表，他的谦虚谨慎。其实，骄傲的资本是任何人都不可能完全具备的，因为任何一个人，即使他在某一方面的造诣很深，也不能够说他已经彻底精通，彻底研究完了。“生命有限，知识无穷”，任何一门学问都是无穷无尽的海洋，都是无边无际的天空。所以，谁也不能够认为自己已经达到了最高境界而停步不前、趾高气扬。如果你骄傲了，必将很快被其他人赶上、很快被后人所超越。

20世纪世界上最伟大的科学家之一——爱因斯坦，一生取之不尽、用之不完的财富是他的相对论以及他在物理学界其他方面的研究成果。然而，就是像他这样的伟人，还是在有生之年不断地学习、研究……

有人问爱因斯坦：“您老可谓是物理学界的空前绝后了，怎么还要孜孜不倦地学习呢？为什么不舒舒服服地休息呢？”爱因斯坦并没有立即回答这个问题。而是找来一支笔、一张纸，在纸上画上一个大圆和一

个小圆，对那位年轻人说："在目前情况下，在物理学这个领域里可能是我比你懂得略多一些。这个小圆是你现在所知道的，这个大圆是我所知的，然而大圆之外是无边无际整个物理学的知识。对于小圆，它的周长小，即与未知领域的接触面小，他感受到自己的未知少；而大圆与外界接触的周长大，所以更感到自己未知的东西多，会更加努力地去探索，努力地去学习，去思考。"

青少年朋友，你看，这是多么好的一个比喻、一番阐述啊！因此，作为青少年的你一定要有一个"虚怀若谷"的胸怀，以及一个谦虚不自满的好习惯。如果你想探求更多的知识空间，那么就赶快用我们有限的生命时间去努力奋斗吧！

2 学习按计划，运筹你的时间

计划，就是对自己要做的事情，做到心中有数。把这些心中的想法落实到纸上，就是计划，落实到行动中，就是章法。计划，就是对自己要做的事情，要达到的目标有具体的时间规定，有准备、有措施、有安排、有步骤。

§ 做个有计划的小主人

青少年要做到有计划地去做事情，首先要成为时间的主人。著名生物学家赫胥黎曾经说过："时间最不偏私，给任何人都是一天24个小时。时间也最偏私，给任何人都不只是24小时。"这每天的24个小时，究竟要怎样利用呢？不同的人会有不同的选择。大凡有成就的科学家和伟人，都不会虚度年华，他们珍惜生命的每一分钟。

不少人在日常生活的细节中，常常发现不了时间的存在，形成不了时间的概念，他们眼中的半个小时不过是一段很短的时间，浪费一天也没有什么大不了。

从微观的角度来看，一个人有计划地做事情，就会产生很高的效率，从而得以迅速地完成任务。从宏观的角度来看，对自己人生有计划，并坚持执行计划，才能获得一生的成功。否则，只能是毫无目的的尝试，做什么都不会有惊天动地的大成就。

掌握好时间，按计划行事。

"明日复明日，明日何其多，我生待明日，万事成蹉跎。世人苦被明日累，春去秋来老将至，朝看水东流，暮看日西落。百年明日能几何？请君听我《明日歌》。"这首耳熟能详的《明日歌》相信每个青少年都会背，我们要知道，时间不会留恋什么，只会一去不返。分分秒秒看起来不起眼，但是一旦过去了，就再也不会回来。

鲁班是我国古代最著名的建筑工匠和创造发明家，他有一个儿子，很聪明，就是不爱干活。眼看儿子就要长大成人，鲁班觉得应该教给儿子一些谋生的本领了。于是他就问15岁的儿子："你想干什么活？"儿子说："我想种田。"过了一年，儿子就回来了。鲁班问他："怎么不干了？"儿子说："农活太累"。

第二年，鲁班征求儿子的意见，儿子说想去学织布。鲁班又送儿子去学织布。只干了一年，又不干了。鲁班问他："为什么又不干了？"儿子说："织布这活儿，把人给忙死了。"

鲁班问儿子："你究竟想干什么呀？"儿子想了想说："还是跟您一样，当个木匠吧。"鲁班把儿子交给他的大徒弟张班当学徒。不料，儿

子又只干了一年，就不干了。鲁班问他："又怎么了？"儿子说："师傅要求太严，活儿太苦，师傅也太狠了。我不干了。"

鲁班听了，严肃地对儿子说："不严，不苦，不累，不狠，你能学出手艺吗？你既然什么都不想干，那么好吧，从今天起，你就别吃饭了，因为你不爱种田；从今天起你就别穿衣服了，因为你不爱织布；从今天起，你就从这屋子里搬出去，因为你不想当木匠。"

儿子听了，呆住了，站在那里一声不吭了。最后，儿子通过勤学苦练，也成为一名著名的工匠，掌握了谋生的本领。

看了这个故事，青少年的你做何感想呢？鲁班的儿子之所以三天打鱼两天晒网，主要原因就是他没有明确的目标，没有切实的计划。计划可以使自己的各种事情安排得比较合理，避免冲突，劳逸结合，相对松弛有度。

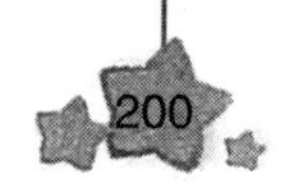

对于青少年来说，主要任务是学习。而要学习得得心应手，就需要良好的计划。计划包括每天的时间安排、考试复习安排和双休日、寒暑假安排。计划要简明，什么时间干什么，达到什么样的要求。

为什么强调青少年要按计划来做事呢，这是因为：心中有计划，学习有章法。才能达到想要的结果。按照计划的原因有三个：一是生活的秩序为学习提供有利条件。设定目标，按照计划，有条不紊，就可以将一个人的心态调整到最佳位置。二是不断"完成"，逐渐形成习惯后，可以不断增强自信心。人一旦有了扎扎实实的自信心，什么困难都不在话下，因为自信心是人格的核心。三是"完成"可以不断激发学习潜能，潜能只有在从容不迫的情况下不期而至。

时间给每个人的都是每天24小时，青少年只有明白时间对自己的真正意义，才会用心地去珍惜宝贵的时间。做到心中有计划，才不会让

时光白白流走。“莫等闲，白了少年头”。因此，青少年需养成按计划的好习惯，从而让好习惯结出好果实。

3 思考，助你成功

一个成功的人，必定是一个善于思考的人。一个优秀的青少年，必定是一个善于思考的青少年。英国剑桥大学的迪·博诺教授说：“一个人很聪明或智商很高，只是说明他有创造的潜力，但并不说明他很会思考。智力和思考的关系，就好比一辆汽车同司机驾驶技术的关系，你可能有一辆很好的汽车，但如果驾驶技术不好，同样不能把车开好。而另外一种情况就是，你尽管开的是一辆旧车，然而驾驶技术高超，照样能把车开好。很显然，这里在智商高和会思考之间画上了不等号。”

歌德说：“缺少知识就无法思考，缺少思考就不会有知识。”

§事事需要思考

有一位哲人说过这样一句话：这个世界不缺能干活的人，缺的是会发现和会思考的人。因此，作为青少年，一定要善于思考且勤于思考。在你选择要做一件事的时候，想一下为什么要这样做，有没有更好的方法，如果不这样做会有什么结果……要明白，只有想不到，没有做不到。然而，人与人之间最大的差距就在于谁思考得多、思考得深、思考得对。谁善于思考，谁就更接近成功。

伟大的科学家爱因斯坦，在晚年就非常重视培养青少年勤于思考的

习惯。他在晚年时候，住在一个小村子里，邻居家有一个漂亮的12岁女孩，她每天放学后都来看望这位白发苍苍的科学家爷爷，爱因斯坦也喜欢经常检查她的功课和作业。

有一次，这个小女孩拉着他的手亲昵地问他："爱因斯坦爷爷，这道题怎么做？"爱因斯坦和蔼地说："孩子，要学会思考，不要一碰到困难就向别人伸手。"有时，爱因斯坦会对小女孩稍加启发地说："我给你指个方向，不过，答案还得用你的头脑去找！"

原来，在爱因斯坦小时候，他就是个爱思考问题的孩子。还记得那个坐在鸡蛋上孵小鸡的他吗？他在14岁时，能够自学几何和微积分，在自学中一旦遇到困难，他总是细心琢磨反复思考，直到实在算不出来时才向别人请教："给我指个方向吧！"可是，还没等人家开口，他就提出了自己的要求说："不要把答案全部告诉我，留着让我思考！"

一直到后来，他用自己思考的力量成为一位杰出的科学家。当人们赞誉他对人类做出的巨大贡献时，他笑着说："学习知识要善于思考，思考，再思考。我就是用这个方法成为科学家的。"

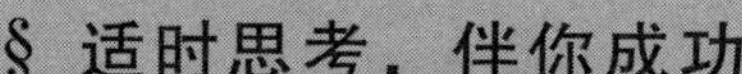

§ 适时思考，伴你成功

每个人都想让上帝赐予自己不同的智慧，因为智慧是很美好的东西，值得人们毕生去追求。然而，要追求智慧，就一定要学会科学地思考，不然就难以避免愚昧。如果尚不自知，那就很悲哀了。人类似乎很难避免世界上的各种悲哀，但至少应避免无知无智的悲哀。因此，要想拥有智慧，就要首先学会思考。

细数一下这样的独立思考的科学家还不少呢！牛顿在苹果树下被苹果砸了一下，他就坐在那里思考为什么苹果不是朝天空的方向飞出去而是落在了地上，结果就有了万有引力的发现；瓦特小时候在外婆家，看见开水壶的盖子一动一动，他就蹲在那里想为什么，结果长大后他发明了蒸汽机……

你可能会看到吊灯在风中摆动，然而只有伽利略观察发现每次摆动的时间相同，并据此制成了摆钟；你也可能会看到，企鹅走路一摇一摆很笨拙，有人却发现这种走路方式最节省能量，从而设计出适合病人的走步机……他们之所以取得成功，并不是因为他们的聪慧，只因为他们敏感好奇、凡事爱思考。

亚里士多德说过，上帝所做的、胜过一切想象中的幸福行为，莫过于纯粹的思考，而人的行为中最接近这种幸福的东西，也许是与思考最密切的活动。由此得出，思考对于每一个人的影响力都是非常大的。

我们生活的这个世界奥妙无穷，一些看似寻常的事物和现象后面往往蕴含着玄机和道理。青少年时代，对周围的事物充满了疑问和好奇，因此也“加速”了他们大脑的思考。可是，仅仅坐在那思考而不行动，等于是没有意义的思考。

由此可见，善于思考是一种智慧，善于思考的人，就会把握好自己的思考方向。善于思考，在潜意识中会提高你的速率。因此你越能运用智慧来思考，你的思考就能比别人更缜密。很多事实表明，智慧的人善于思考，而善于思考的人多智慧。

有位名人说得好：只有思考和行动两者巧妙而完美地结合，才把你送进成功的殿堂。因此，不管在任何时候，我们都要冷静思索，以智取胜。

日常的生活当中更要注意培养善于思考的习惯，因为成功源于思考。思考是创造的源泉。要拯救自己就要从思考开始。

既然存在这个世界上，就不要让自己可有可无地存在，要想鹤立鸡群就要学会正确思考，只有这样，想别人想不通的，灵活地运用自己的大脑思维，才会有一个辉煌的明天。

每个人都有不同的认识真理的能力，但有能力认识真理并不等于就

可以发现真理，只有那些善于思考的人，才能运用所掌握的认识去发现真理。因为他们知道，思考是人类最大的乐趣之一。

青少年，应该养成思考并付诸行动的习惯，有助于自己以后人生的发展。重要的是，要坚持，要有毅力才能打开通向成功的道路，迎来灿烂的人生。善于思索是一把打开困惑之门的钥匙，善于思考等于孕育成功，思索是智慧的源泉，只有不断地思索才能创新成功。

4 积极乐观，保证你的时间

时间，它对于任何人都是公平的，既不会给任何人多几秒，也不会给任何人少几秒。所以，有人曾说：人生最输不起的就是时间。亲爱的青少年朋友，只有在时间的前提下，人们才能去做事情，有效率地做事情。在生活中，做时间主人的往往是那些积极的乐观者，他们有着很强的时间观念，绝不会在不能给自己带来好处的人和事上浪费一分一秒，他们总是清楚自己下一步要去做什么。

§ 珍惜时间，积极乐观

青少年时期，是人生的刚刚起步。同学们，在这美好的时代里，不要做时间的奴隶，更不要随便去浪费宝贵的时间，应学会有效地去管理自己的时间。提高学习和办事效率，装扮自己的人生。对于那些懒惰者、做事消极的人，在失去那一段时间的同时，也在失去那一段生命。

现在，越来越多的青少年天天把“我明天一定……”的口号挂在嘴边，可又有几个人能够真正做到了。当你们坐在电脑前准备玩游戏的时候，只记得“作业等到明天再做”；当你们在操场上踢球的时候，只记得“功课等到明天再预习”；当你们坐在一起调侃的时候，只记得“所谓的梦想，明天再说”。就这样，你们一推再一推，你们可知生命中能有多少个“明天”呢？同学们，抓住今天，尽可能少地信赖明天，时间一点一滴地流失，犹如蜡烛慢慢燃尽。

美国金融巨头摩根，与任何人交往时，都能简捷迅速，乐观开朗。这也是他走向成功的通行证。金融大王摩根，为了珍惜时间招致了许多怨恨，但其实人人都应该把摩根作为珍惜时间的典范。

他每天都是准时进入办公室，没有出现迟到的现象。通常，摩根总是在一间很大的办公室里，与许多员工一起工作，他不是一个人待在房间里工作。摩根会随时指挥他手下的员工，按照他的计划去行事。如果你走进他那间大办公室，是很容易见到他的，但如果你没有重要的事情，他是绝对不会欢迎你的。有关人士曾对摩根的资本进行了计算。他每分钟的收入将近20美元。但是，他认为不止这些。也正是这样，摩根先生与人交谈的时间不允许超过5分钟。

正是有着这样的习惯，培养他了卓越的判断力，幽默的性格，这种卓越的判断力使摩根节省了许多宝贵的时间。

积极乐观的人是能充分安排自己时间的人，对任何事情都抱有健康的心情，他就可以对自己的时间进行有效安排。积极乐观的人，能把自己一天中需要做的事情都安排得井井有条，而并不是把时间当作人生的消耗品，消磨完时间就萎靡不振。他们是把每一寸光阴，牢牢地记在自己的心中，积极去争取自己的时间。

正如事例中的摩根一样，他的成功正是他掌握了自己的时间规律，把握好自己的时间规则，即使遇到再大的困难，他也依然会保持健康向

上的心态去工作。

青少年在成长发育的时期，也应该保持乐观的心态，学会在生活中去发现快乐，学习中积极、乐观地看待所遇到的问题，做到以最短的时间去赢得自己最大的效率。

§ 积极乐观，争取时间的宝贵

三国时，著名的智圣诸葛亮在为刘备出谋划策时经常笑逐颜开。一次，刘备在对付曹操时焦急万分，全部军师三渡赤水，诸葛亮此时却连续笑个不停，刘备在询问诸葛亮之时，诸葛亮言：我笑也，此非论战也。若是等闲之辈，乐观者焉能得否？

时间往往是青睐于积极乐观的人，像鲁迅、摩根这样惜时如金的人，做事才会更有效率，离成功更近一步。是需要每个人去珍惜的。有人暴殄天物，对时间的挥霍是一种最大的浪费，人生没有回头的路可走，我们无法回过头去找到我们曾经无意之中浪费掉的哪怕是一分钟的光阴。

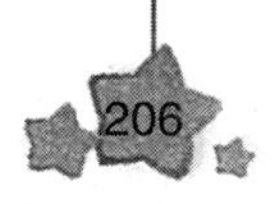

宝贵的时间总要在我们身边轻轻地飞过去。我们要做时间的主人，而不做时间的奴隶。让流去的时间里留下一点声音，一点影子。我们要充分利用好每节课的45分钟，专心听课，记住老师的每一句话，做好自己的笔记才会取得优异的成绩。

中学生活，是快乐的，是丰富多彩的。大家一定要好好珍惜这段时光，努力学习，珍惜现在所拥有的。当你们在感叹时间飞逝的同时，要学会抓住时间！不要迟疑，就从现在开始抓住时间！不要等到失去了才懂得珍惜！

勤奋者抓紧时间，懒惰者消磨时间；积极者赶超时间，消极者放弃

时间。希望每个青少年每天都能以热情乐观的态度去面对生活，莫让时光付诸东流，要学会与时间赛跑，做时间的主宰者，提高每分每秒的学习效率。

5 有充沛的时间的人就是自信之人

效率和自信常常能够决定一个人的前程。确实如此，它们可以成就一个人的辉煌，也可以毁掉一个人的一生。青少年不要总觉得这些并不是自己能够去改变的，无数事实证明：时间和成功一样是需要自己去把握的。

§ 有充沛的时间，你就可以自信

那些往往放弃时间的人也是不相信自己的人，还总觉得自己的生活无趣，做事情根本谈不上效率而言。这样的人生是没有任何意义，因为一个不自信的人是不会有充沛的时间的。

做一个自信者，最重要的就是要做到有效地管理自己的时间，这是一个自信者最起码要做到的一点。现在，有很多的青少年因为缺乏自信，对什么事情都是缩手缩脚的，把时间都浪费在无关紧要的胆怯和忧虑中。在日常生活中，最缺少不了的就是效率和自信，有的时候，就要有自己的主张，相信自己，立刻采取行动去做，千万不要前怕狼后怕虎，结果一事无成。

张强和王刚是同班同学，两个人一直都是好朋友，可两个人却有着

很大的差别。一个是非常自信，一个是遇事自卑，导致两个人的成绩有着天壤之别。张强学习的时候，从没有感觉时间的紧迫，总是轻松地完成老师的作业；王刚却总唠叨老师布置的作业多，时间不够用，都是熬到很晚才做完。

有一次，两个人在倾诉自己心声的时候，才发现了差别所在。原来，张强在做老师布置的作业时，遇到难题总是很大胆地去思考，从没有胆怯过；而王刚一遇到难题就卡住了，总是怀疑自己的思考方式不对，害怕结果是错的，结果是磨蹭好长时间也还是一无所获。两个人的做事态度和方式不同，导致结果的不同。

上天给每个人的时间都是一样的，差别就在于怎样去有效地管理自己的时间。自信者的时间总是充沛的，而缩手缩脚不相信自己的人总觉得时间很紧迫。

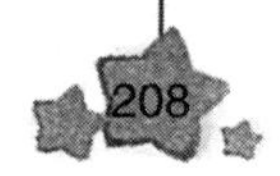

从上面的例子可以看出，只有真正自信者，才能与时间同步展现自我的风采。

青少年朋友们，不要总怀疑自己的能力，不要做什么总是拖拖拉拉的，把有限的时间用在无意义的事情上去。做事缩手缩脚就是在浪费生命。那些不自信的人经常会为积压的任务而痛苦，从而影响身心健康。

§ 自信者拥有充沛的时间

相信自己的能力，相信自己的思想，相信你内心深处的东西众人也会承认——这就是天才。作为一个新时代的青少年，你应该学会更多地发现和观察自己内心深处那一闪即过的火花，不要只是仰望圣者的光芒。因为，别人能做到，你也可以。

有一位在校的年轻大学生，一天，他忽然发现，大学里的教育制度存在着很多弊端，于是，他向校长提出建议。但是，他的意见没有被校长采纳，他决定自己办一所大学，自己当校长，来完善大学的教育制度。

当他把这个想法告诉同学们的时候，同学们都笑话他有神经病，因为办一所学校不是一件容易事，办大学需要很多钱，至少得100万美金。这些钱去哪里找呢？如果等到毕业再去挣的话，等自己挣到那么多时，也已经晚了，但他相信自己一定可以办到的。

事不宜迟，耽误一天离实现自己的梦想就远一步。终于有一天，他想到了一个办法。他打电话到报社，说他准备明天举行一个演讲会，题目叫《如果我有100万美元怎么办》。第二天他的演讲吸引了许多商界的人士参加，面对台下诸多成功人士，他在台上全心全意、发自内心地说出了自己的构想。

最后演讲完毕，一个叫菲立普·亚默的商人站起来，说："小伙子，你讲得非常好。我决定给你100万，就照你说的办。"

如果这位年轻的大学生不相信自己的能力可以办到，不相信自己可以筹到100万美元，总是担心自己的想法是天真的，把时间都浪费在忧虑中，那么，这个梦想永远都不会实现。上天不会给你比别人更多的时间，机会永远靠自己创造。相信自己，相信自己的能力，相信自己的才华，勇敢地在他人面前表现出来，你自然就会离成功更进一步。

时间是每个人与生俱来的一笔财富，而善于掌握和运用这笔财富，则是一种对生命的经营。没有人真的没有时间。每个人都有足够的时间做必须做的事情，至少是最重要的事情。很多人看起来比你还要轻闲，却能够做更多的事情，他们不是有更多的时间，而是他们珍惜时间，更善于利用时间。

青少年要学会建立自信，努力把自己培养成为一个充满自信的人，这样你就能在自信的同时拥有了一笔很大的财富——时间。

6 自我管理是效率的核心

青少年时期，是一个骚动的时期，很多人都缺乏这种自我管理的能力，在不知不觉当中就把很多宝贵的时间都浪费掉了。每个人每天拥有的时间都是相等的，但是不同的人在相同时间内所做的工作却相差极大。不会利用时间的人总是事倍功半，会利用时间的人则可事半功倍。不会利用时间没有成就的原因就在于他们缺乏自我管理的能力。如果大家把有限的时间作最大限度的利用，而且学会去创造时间，然后合理地加以利用，那么，你就会真的做到有效管理和利用时间。

§ 自我管理时间

每个人都需要活动，对时间的管理，是自我管理中最重要的一个方面。所以在很多时候要把时间当作完成工作、享受悠闲、充实人生的重要资源。如果能扭转观念，转换脑筋，即使是那些整天叫嚷时间不够的人，也会发现总有几分钟的时间会向他迎面而来。虽然每天没有太多忙里偷闲的时间，但是，如果你注意节约的话，日积月累的成效是喜人的。可见，青少年学会自我管理是多么重要的一件事情，尤其是时间的管理，不仅提高了学习效率，还让自己的人生更加充实。

有人不禁要问，何谓时间管理？所谓的时间管理就是个人管理时间理论的一部分，即如何更有效地安排自己的工作计划，掌握重点，合理有效地利用工作时间。简而言之，时间管理的目标是掌握工作的重点，其本质是自我的一种管理。方法是通过良好的计划和授权来完成这些工作。

这些正是青少年需要学习的地方，时间对于任何人而言，都是一样的多，二十四小时不会因你多一分，也不会因他而少一分。当你一直考虑那些没用的事情的时候，也就是在一点一点地浪费你的时间；当你学会合理支配和管理时间的时候，你也就做好时间的主人了，就会使同样的时间能创造出更多的人生价值。

美国著名的某家公司，之所以业绩年年排第一，原来一直以来在强调员工学会自我管理的同时，更强调员工要有时间管理的理念。在这种理念环境下，员工把工作做得井井有条，工作效率很高。

他们公司的员工对于自己的工作，做之前先做个好的行事计划。如每周周末做出下周工作计划；每月月末做出下月工作计划；每季季末做出下季末工作规划；每年年末做出下一年度工作规划。

就这样养成记录自己实际耗用时间的习惯。一般是当时做出记录，不得已的情况下可事后回忆补记，尽量做到事前控制；应准备一个待办事项清单、时间记录本或效率手册，以备分析检查或查阅待办事项；在办公场所的挂历、台历或记事本上，标注当天或预定工作计划或约会，以防遗忘，也可在电脑系统或电子记事本设置发声装置以便及时提醒。或者根据个人生活规律，选择每天精力最充沛、思想最集中的时间，去处理最重要的事情，达到事半功倍的效果。克服“办事拖延”的鄙习，推行一种“限时办事制”，规定在限定时间内（如4小时、8小时、当天）形成报告处理结果；将一些不太重要的事集中起来办或联办。

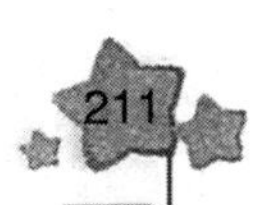

如果青少年在平时的学习生活中，也这样合理地安排自己的学习，生活一定很有意义。学会自我管理，是你们学会管理时间的第一步，也是提高学习效率的第一步。青少年要记住：去珍惜生命的每一分钟，那么时间就会绝对公平地还给我们同样精彩的生命，给我们成功，给我们灿烂，给我们辉煌。生命就是时间的积累，人最宝贵的是生命，但比生命更宝贵的是时间。因为生命是由时间构成的，是由分

分秒秒的时间积累起来的。所以说，时间的流逝，便是生命的消融。

人生的每一件事情都跟时间有关。有效地管理时间可以大大提高工作效率，所以对于时间管理的方法是永恒的，因为每个人只有有效地管理自己的时间才能有效地提高自己的学习工作效率。提高工作效率的前提就是管理好时间，掌握好时间，利用好时间。

§ 效率优先，自我管理

胡强在家中是一个独生子。在家中什么事情都是爸爸妈妈交代好，他才去做的。平时，如果爸爸妈妈不提醒他要写作业，他就完全不写作业。每当放学的时候，书包往沙发上一扔就出去玩了。

一天，爸爸妈妈都出差了，留下了一张留言条，让他自己安排好自己的生活。谁知，他居然连续一周都不拿笔写字，也没上课。经过了几天的贪玩，连他自己也不知道学到了第几课。

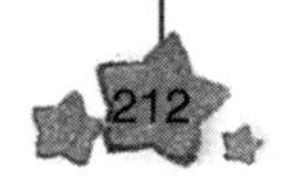

透过以上的事例，我们可以看出，胡强是一个自我管理时间很差的人，他不能在爸爸妈妈出去的时候，合理地支配好自己的时间，以致自己掌握不了学习的进度，从而严重影响自己的学习。

管理时间的第一步就是要先具备自我管理的能力，它不仅是掌控时间和提高生活质量的关键，还能够进一步为我们的生活增添乐趣。管理时间的本质就是一场基本没有规则限制的人生游戏，在这场游戏里，每个人都是主角，每个人都是平等的。

青少年需要记住的只有一点：不要急，慢慢来。只要把时间都用在那些对自己来说真正重要的人和事上，大家就能够为自己创造出令人羡慕的骄人成绩。

7 积极主动，追求效率

现在，越来越多的青少年或多或少都会有点厌学倾向，这些不良情绪往往给大家的学习带来很大的障碍。克服的关键应当在于被动与主动的转化。世界上有很多事要靠我们自己去发现，去创造。有的人懂得主动去拼搏，迎接人生浪潮中一个又一个高峰，最后他收获了成功，收获了喜悦。而有的人却选择了等待，等待上帝的垂青，等待机遇的不请自来，但最终上天并没有青睐这些人……

§缺乏主动性

青少年也许曾有过这样的经历：当被逼着赶着学习的时候，不但学习效率低，而且身心很疲惫，情绪也很糟糕，其原因就是缺乏学习的动力，难以调动起学习的积极性。这时候，青少年朋友要尝试换一种角度，为自己找一个能打动自己的理由和动力，以一种主动的、愉悦的、开放的心态来取代过去抵制反抗的情绪，来感受并享受每一天所学到的一点新知识。

吴斌是某重点高中的高二学生，学习成绩处于班级的中等水平。他爱好打篮球，每天放学，篮球场上必定会有他的身影。他是一个聪明的孩子，每次考前只要稍微努力一下，每科的成绩就不会“挂红灯”。

然而这孩子学习却一直处于中等水平，这让很多人不解。其实，吴斌虽聪明但学习不主动不积极，总是需要家长老师催着学。有一次期末考试，吴斌为看篮球比赛不复习功课，被父母批评了一顿。于是，就偷

偷地边看比赛边复习功课。结果的成绩可想而知，而且比赛也没有看好。

像吴斌这样的例子，在广大青少年中处处可见。这种缺乏主动性的孩子，学习和做事是没有效率可言的。人生中，主动是登上成功的阶梯，没有主动自然不会有成功，主动性越强自然学到的就更多。要知道，一张地图，不论它有多么详尽，比例多么精确，它永远不可能带着它的主人在地面上移动半步。只有主动起来，才能使地图、宝典、梦想、计划、目标具有现实意义。一个人的主动，像食物和水一样，能滋润自己，使自己成功。

§ 积极主动，提高效率

作为 21 世纪的青少年，要记住：你过去是什么样的行为，并不表示未来也需要继续下去。如果你想改变目前的状态，那就要主动起来。一个人是否主动，影响着做事情的结果。人生的道路没有一帆风顺，总是布满着坎坷与荆棘。所以，不要害怕，不要瞻前顾后，主动起来，大胆地去做自己想做的事情。没有主动精神，就没有行动，就不会有美好的未来，更不会有多彩的人生。

亲爱的青少年朋友，看到这里，你想做什么？就去做吧！去做一个简单的行动，养成凡事不犹豫的习惯，从什么时候开始？没错，就是现在，现在看到这里时，第一秒就去行动。要努力就要从现在开始，无限精彩就会在眼前！从现在开始努力，并时刻告诫自己：绝不可坐以待毙，守株待兔。因为所有的机遇，从来都垂青懂得珍惜生命和把握现在的人，用脚踏实地的行动走出一条属于自己的不寻常之路！

两个年轻人一块在一家店里打工，而且拿一样的工资。不久，叫阿诺德的小伙子青云直上，而那个叫布鲁诺的却在原地踏步。布鲁诺很不满意老板的不公正待遇，终于，有一天他发脾气了。老板一边耐心地听

他的牢骚，一边盘算着怎样向他解释他们两人的差别。这个老板灵机一动想出这么一个办法：

老板说："布鲁诺你去笔先街上看今天有卖什么的。"布鲁诺从集市回来后向老板汇报说："只有一个农民拉着一车土豆在卖。""有多少土豆？"老板问。布鲁诺赶快又去了集市，然后回来告诉老板有40口袋。"价钱是多少？"布鲁诺第三次到集市上问了价格。老板说："布鲁诺你坐在这不要说话，看看别人怎么做事的。"这个老板也同样让阿诺德去街上看看有卖什么的。阿诺德很快就从集市上回来了，汇报说到现在为止只有一个农民在卖土豆，一共40口袋，价格是8毛，土豆的质量很不错，他带回一个让老板看。并且说这个农民一个小时后还会拉几箱西红柿来卖，据他说价格非常公道。他们那店里的西红柿卖得很快，库存已经不多，这么好的西红柿老板你一定会要一些。所以也带了一个样品，把店主也给叫来了，他现在等着你的回应呢！就在这个时候老板转过头来，对布鲁诺说："现在你肯定知道阿诺德的薪水比你高的原因了吧。"

从上面的例子我们不难发现，生活是需要主动，人生一定不能被动。只有主动，才能不断获得上进的机遇，只有主动，才能超越别人，对于青少年而言，只有主动，才能提高学习效率。

青少年朋友，生活是自己的，这需要大家去主动探索和努力追求，而不是被动着去做任何一件事。在生活和学习上，动作和态度上要力求敏锐一点，积极一点，当别人尚未认识到时，你已经强烈地意识到了；当别人刚刚起步时，你已经走在途中了；当别人正想找你时，你已经敲门进去了——这就是主动。

拿破仑·希尔曾经说过："自觉自愿是一种极为难得的美德，它能驱使一个人在不被吩咐应该去做什么事之前，就能主动地去做应该做的事。"有了这种心态的人，就能随时准备把握机会，能够有效率地把工作做好。主动就是效率，青少年应该记住这句话，把主动精神作为永远的老师。

如何学会管理自己的时间？第一步就是：要主动自发地去做事情。不要等着作业由家长和老师催着才能写，才去交。第二步：要积极主动地做一些别人没有做到的事，比如放学后在教室里多留一会儿，把今天课堂上遗留的问题解决一下，解决不了的就去找老师和同学的帮助。坚持下来，你会发现自己自然而然地就养成了管理时间的习惯。

“积极者，先智者也。”只有积极主动的人，才能成为至圣至尊的大人物。所以，青少年朋友们赶快行动起来吧，用你们的积极主动去营造一个美好的明天。

8 做到有计划地学习

学习计划就是对时间进行科学的分配和使用，合理安排学习内容和活动。因为没有计划地学习就理不出一个头绪，就会打乱仗。制订学习计划是科学学习中一个很重要的环节。为此，青少年必须有一个明确的学习计划。中学生的学习过程和学习活动是在老师的指导下进行的，学习内容是比较丰富繁多的，要做到有序、有系统，这本身就要求很强的目的性和计划性，也只有这样学习起来才有效率。

§ 学习有计划

《礼记·中庸》中言：凡事预则立，不预则废。这就是说，凡事都要有个计划，学习当然也不例外。可以说，人生中最应该好好把握的时光就是青少年这个阶段了，因为处在这个阶段正是学习的好机会，把握好了，对以后人生有极大帮助。所以好好学习是必要的，但是更要有自己的学习计划，不能盲目地乱学。

王强，某市中学的一个学生，做什么事都带有冲动劲，而且是“三分钟热度”。初三的下半学期，是中考前最后一个冲刺阶段。他的同桌刘斌是班里的尖子生，每次考试都是年级第一。在中考时间临近时，王强也开始认真学习。每天他见同桌学什么，他也跟着学什么。刘斌读英语，他跟着也读英语；刘斌做数学题，他也跟着做数学题。但他学习还是拼着“冲动劲”，不踏实，没有计划，结果每次的考试还是很差。

他总觉得自己已经下功夫了，为什么成绩还是上不去呢？于是，他让老师帮助分析原因。老师告诉他：学习，是要有计划的，不是靠着“热乎劲”的。踏实地坐下来学习才有效率，你应该给自己每天定一个学习计划，然后按照计划完成自己的目标，成绩一定会有很大的改观的。

青少年，在学习过程中，没有一个切实可行的学习计划，想到哪学到哪，难免会陷入主次不分，盲目学习的状态。所以，学习需要有明确的目的计划，要科学利用时间，形成科学的、高效的利用时间模式。有句话说得好，任何时候，做任何事情，有计划地去做，就等同于向成功迈出了强有力的一点。

下面给广大青少年提供一个极为简单而且容易操作的时间计划表，可以帮助你科学计划时间，提高学习效率。

第一句，定要学会自我提示：有计划地做事就是成功的开始。

第二句，自我督促：计划决定的事就要坚决完成！今日事今日毕。

其实，这两句话主要是在说明，青少年应该对自己的时间做一个良好的计划，找出每天可以自主支配的时间，然后以分钟计算，哪怕是几分钟也不放过。坚决不把时间用在毫无意义的事情上。

凡事只要有计划，就会做成自己想做的事情。所以，无论做什么事情，事先都要有周密的计划，明确的目标。

§ 合理计划地学习

合理地进行学习，是青少年在人生形成时期最应该去做的事情。这时的你，正是长身体、长知识的重要阶段，把握好自己的青春。利用每一寸光阴，去努力学习科学文化知识，这才是你们需要的。

在一个小镇上，一个做了十几年生意的商人，到后来竟然失败了。当一位债主跑来向他要债的时候，这位可怜的商人正在思考他失败的原因。

当商人向债主分析他失败原因的时候，债主就劝导他，让他再从头做起。商人听了有些生气，很不解地问道："为什么再从头做起？"

"是的，你应该把你目前经营的情况列在一张资产负债表上，好好清算一下，然后再从头做起。"债主好意劝道。

"你的意思是要我把所有的资产和负债项目，详细核算一下，列出一张表格吗？是要把门面、地板、桌椅、橱柜、窗户都重新洗刷、油漆一下，重新开张吗？"商人有些纳闷儿。

"是的，你现在最需要的就是按你的计划去办事。"债主坚定地说道。

商人听了，苦笑道："事实上，这些事情我很早就想做了，但是一直都没有去做，也许你说的是对的。"

后来，他确实按债主的主意去做了，在晚年的时候，他的生意成功了！

对于一个做事没有计划、没有条理的人，无论从事什么都不可能取得成绩。事实上，做事有计划对于一个人来说，不仅是一种做事的习惯，更重要的是反映了他的做事态度，这是能否取得成就的重要因素。对于青少年来说，做事有计划同样是非常重要的。

在生活中，很多青少年都有早晨起床找不到袜子和学习用品乱摆乱放的现象，这便是做事缺乏计划性和条理性的坏习惯。做事情缺乏条理、没有计划是青少年时期的一种自然反应。

做事有计划和条理可以帮助大家有条不紊地处理应该处理的事情而不会手忙脚乱，而且还提高了效率。做事没有条理的人，他无法很好地料理自己的生活，也无法很好地进行学习和工作。

英国作家狄更斯说：永远不要把你今天可以做的事留到明天做，延宕是偷光阴的贼。作为青少年，在经历了中学时代之后，就要步入高中这个重要的学习阶段，已经具有了较高的目的性、计划性和较强的时间观念。实际情况也表明，学生的学习目标越明确，计划性越强，时间利用就越充分，学习效率就越高。

青少年朋友们，有计划地学习是你们的人生保障，只有按计划去学习，才可以让自己的知识得到更全面地扩展，丰富你们的生活。所以，一定要努力做到有计划地学习。

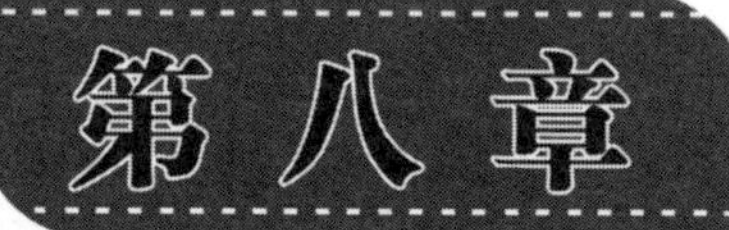

第八章

巧用技巧——管住时间就管住了一切

人的生命是有限的，时间是宝贵的。如何利用我们的时间才算合理呢？有限的时间不在于你能多做多少事情，而是看你做了多少真正有价值的事情！一件有价值的事可能使你今生再也不用奔波生活，百件没价值的事，可能你还是一无所获！

也许每个人都想做有价值的事，可是究竟什么是有价值的事？也就是说，怎样去抓住生命的重点呢？如何把时间用在刀刃上？

1 树立正确的时间观念

有人曾这样写道：人生就好比在空白的纸上涂鸦，可以有规律，也可以很随意，可以很鲜艳，也可以很浅淡。这都取决于你如何利用你人生的时间。当然了，只有树立正确的时间观念，才能很好地绘画自己精彩的人生。

§时间观念是人的根本品质

时间观念是人的根本品质，是对被约人最起码的尊重，是走上成功之路的基本条件，是驾驭财富的第一要素，是学习、工作与生活上最为重要的准绳……对于青少年而言，良好的时间观念有助于其健康成长。一般而言，守时、惜时的孩子，心智成熟程度较高，不仅容易建立健康规律的学习生活习惯，而且还能够具有自信、乐观的精神，同时其交往能力也比较强。

有一家以普通小客户作为主要访问对象的保险公司，在其他保险公司的推销员一天只访问30个左右客户时，而这家保险公司的推销员，每天却要访问100个以上的客户。每天早上9点左右，他们就来到自己所负责的区域，展开例行的访问活动，其他竞争对手直到9点以后才姗姗来迟。若不考虑别的方面，仅仅从起步而言，这家保险公司就赢得了30分钟。

除此之外，经调查当地顾客之后，就会发现他们受欢迎的程度令人吃惊。这家保险公司的推销员，不管刮风下雨，从来没有中断过该地的

访问活动，而其他保险公司的推销员，只是偶尔才来，且只是停留一小会儿。

如果每天都能比竞争对手多出10分钟，虽然只是短短的10分钟，但是一个月却能积累240分钟左右，一年就能多出48个小时左右。“一寸光阴一寸金”，对推销员而言，时间就是金钱。因此，他们的时间观念和业绩是紧密相连的。

古往今来，不计其数的人惋惜时间易逝，于是感叹“时间之快，人生行乐需及时”，“黄河之水天上来，奔流到海不复回……”。的确如此，时间的流速实在令人难以估测。那么，一个人怎样才能在有生之年活得更有意义，做出更大的贡献呢？答案却是唯一的：树立正确的时间观念。

§ 青少年应惜时如金

巴甫洛夫在《给青少年们的一一封信》中谈道：“一个人即使是有两次生命，这对于我们青少年而言也是不够的。”董必武在《中学生》中写道：“逆水行舟用力撑，一篙松劲退千寻，古人云此足可惜，吾辈更应惜秒阴。”这些话语均向青少年揭示出树立正确时间观念的重要性。时间对于每个人而言都是公平的，它不会因你是一个勤奋者而多给，也不会因你是一个懒惰者而少给，在有限的时间内，不同观念的人得到的结果却不尽相同。

华西村之所以能够取得巨大的成就，时刻走在前列，与华西人正确的时间观念是密不可分的。

吴磊是华西村的一个村民，一次，包括他在内的二十几个华西村民去日本旅游，陪同的导游是一位华裔日本人。原本约好的是早上8点集合出发，但是到了早上7点45的时候，华西村民早已来到了集合地点，却迟迟不见导游的踪影。8点，8点10分……时间在不断流逝着，直至8点35的时候，导游才慢慢腾腾地从远处走来。

大家都感到非常生气，纷纷质问导游为什么迟到。刹那间，导游感到十分惊讶，并说道："你们怎么这么早就来到了，以前中国的游客从没有在规定时间就能集合完毕的，一般情况下，总要拖延半个小时左右，因此我也是依照'经验'晚来了半个小时左右……"游客具有极强的时间观念，不禁使导游感到他们的与众不同，他竖起大拇指，接着说道："难怪你们的经济水平一直名列前茅，就凭你们正确的时间观念，我心服口服了！"

"三更灯火五更鸡，正是男儿读书时，黑发不知勤学早，白首方悔读书迟。""少壮不努力，老大徒伤悲。"这些诗句均向青少年阐述了一个道理：人生有限，必须树立正确的时间观念，做到惜时如金，趁青春有为之时多学习一些科学知识，多做出几番事业。

在现实生活中，很多的青少年并没有意识到时间的弥足珍贵，没有树立正确的时间观。他们不懂得珍惜时间，整日浑浑噩噩、庸庸碌碌、无所作为；把今天的学习任务拖延至明天，把今天需要做的事情不时地向后推移。蹉跎岁月，却丝毫不感到因虚度年华而悔恨，因碌碌无为而羞愧。

大凡成功的人，都是具有极强时间观念，善于运用时间，做好计划安排的人。他们绝对不会为不能给自己带来益处的人和事上浪费一分一秒，他们总是清楚自己下一步要做什么。时间会为勤勉的人带来智慧和力量，为懒惰的人仅留下悔恨。只有树立正确的时间观念，青少年才能掌握更丰富的知识，迎接不断的挑战，拥有美好的未来。

2 安排时间要讲技巧

很多人都会有这样的经历：忙了一天，累得无法喘气，最后却没有什么成果，觉得手边的事情千头万绪，不知道从哪里开始，觉得什么东西都很有意思，都想尝试一下，最后却什么也没有掌握。如果你是这样，那么你就该注意时间管理的重要性了，预先规划，合理地安排时间会让你不再迷茫。

§ 合理规划时间

时间对于我们来说弥足珍贵，如何安排好时间做有效率的事，在21世纪的今天显得尤为重要。因为当今社会竞争日益激烈，人人做事情都讲求效率，如果你跟不上时代的节奏，那你注定被淘汰。时间是个常量，需要合理安排。

一个公司的经理去会见效率专家罗伯特先生，说他自己是一个很懂得管理的人，但事实上公司不尽如人意。他说："应该做什么，我自己是清楚的。如果你能告诉我更好的计划，我听你的。"

这时候罗伯特递给了经理一张纸，并让他写下明天要做的最重要的几件事情。经理用了五分钟就写完了，罗伯特说："把这张纸带回去吧，明天你就按这上面的一件一件地去做。"

就这样，一个月过后，经理的公司业绩飞一般地上涨了。

充分抓住时间、合理利用时间、提高做事效率是时代的需要。歌德曾说过："善于利用时间，就会有充裕的时间。"如今随着科学技术的发展，人们的生活节奏明显加快，大家越来越清楚地认识到，现代社会和未来社会是高效率的。

学会抓紧时间，合理安排时间，对青少年来说尤显重要。有很多学生白天上课，晚上还要回去看书到深夜，这样持续紧张地学习不仅没有提高成绩反而使结果很糟糕。这主要是因为青少年不会合理地安排时间，不懂得学习和放松的重要性，加快了疲劳产生。还有的学生面对各门功课，不知道应该先复习哪一门。青少年要学会合理地规划好时间，这对于提高学习效率有着决定性的作用。

§ 安排时间有技巧

天底下的事情有很多，林林总总，复杂多样，让我们眼花缭乱，甚至是疲于应付。由于每天面临的事情和问题很多，以致我们整天忙得昏天黑地。可是，到了月底工作总结的时候，不是业绩没有完成，就是完成得不理想，因此我们要学会把事情进行分类管理。

懂得合理安排时间的人，往往是成绩比较优秀的人。上天给予我们每一天的时间是相同的，善于利用时间的人做了时间的主人，他们规划着自己所拥有的时间，获得了高效率，最后成功了。

每个青少年都梦想成功会属于自己，那么从现在起，掌握时间规划的技巧，你就离成功不远了。

一位母亲说：有一天，已经是晚上9点钟了，我那刚上初中的孩子仍然在做作业。旁边的另一位妈妈随口问了一句："学校留的作业很多吗？"孩子的父亲说："哪里呀，根本就不多，这孩子每天就是吃过饭就摆开摊儿写作业，一边写一边玩，还什么事儿都掺和。不到晚10点他的作业都写不完。"另一位妈妈就对那孩子说："你会看表吗？"孩子大声说："当然！"那位妈妈说："那好，从现在开始，你自己掐表，看看

完成剩下的作业到底需要多少时间？”孩子一下子来了精神，认认真真地写起了作业。没多大工夫，孩子就拿着两个作业本跑来报功：“9分钟，才用了9分钟！”看着写得很工整的作业，爸爸惊讶了。9分钟与一个多小时，这是多大的差距啊！

从这个故事当中我们会发现，原本需要9分钟就可以完成的作业，这个孩子却用了一个钟头，这是非常没有效率的学习，浪费时间，也浪费精力。孩子边玩边学，没有学好也没有玩好，完成之后的作业也可能错误百出。学会合理地安排时间是每个青少年都应该重视的。

要想提高自己的学习效率，不妨牢记以下几点：

1. 制订一个好的学习计划很重要。青少年要正确利用好每天、每时、每刻的学习时间。每天早上一起来就对一天的学习有个大致的规划，有个安排。到学校后根据老师的安排再补充、修改并定下来。什么时候预习，什么时候复习和做作业，什么时候阅读课外书籍等都做到心中有数，并且一件一件按时完成。

一般来说，早晨空气清新，环境安静，精神饱满，这时最好朗读或者背诵课文；上午要集中精力听好老师讲课；下午较为疲劳，应以复习旧课或做些动手的练习为主；晚上外界干扰少，注意力容易集中，这时应抓紧时间做作业或写作文。这样坚持下去，同学们就会养成科学利用时间的好习惯。

2. 自习课的时间安排也不容忽视。不少学生都是把完成作业作为自习的唯一任务，几乎把所有的自习时间都用到做作业上了，这样安排是不妥当的。因为在还没有真正弄懂所学知识时就急于做作业，这样不但速度慢，浪费时间，而且容易出差错。所以，在动手做作业之前，同学们应安排一定时间来复习所学过的知识。

俗话说：“磨刀不误砍柴工”，对知识理解透彻了，思路开阔了，作业做起来也会又快又好。此外，做完作业后，还要安排一定时间预习，了解将要学习的新课的内容，明确重点和难点，这样就能有的放矢地听好课，提高学习效率。

安排自习课时，还要注意文科、理科的交叉，动口与动手的搭配，而不要一口气学习同一类的科目或者长时间背书和长时间做练习，这样容易使人疲劳，会降低时间的利用率。

3. 必须牢牢地抓住今天，今日事今日毕。为了充分地利用时间，同学们还要学会“牢牢抓住今天”这一诀窍。许多同学有爱把今天的事拖到明天去办的习惯，这是很不好的。须知，要想赢得时间，就必须抓住每一分、每一秒，不让时间白白度过。明天还没到来，昨日已过去，只有今天才有主动权。如果放弃了今天，就等于失去明天，也就会一事无成。因此，青少年从今天做起，安排好和珍惜好每分每秒的时光。

安排时间也要讲究技巧，青少年在学习过程中，每个人可能都会有自己的一套学习方法，但无论方法怎么不同，有一点是相同的，那就是要善于合理地安排自己的学习计划，规划好自己的学习时间。只有这样，才能在学业上取得优异的成绩。

3 有效管理自己的时间

时间管理理论是个人管理时间理论的一部分，即如何更有效地安排自己的工作计划，掌握重点，合理有效地利用工作时间。简而言之，时间管理的目标是掌握工作的重点，其本质是自我的一种管理，是管理个人的，方法是通过良好的计划和授权来完成这些工作。

§当好自己的“管家”

“时间就是金钱”的观念早已深入人心，对于一个企业来说，时间管理是企业的财富之源；对于处在职场中的人来讲，做好时间管理不仅意味着丰厚的经济利益，还能令自己的事业突飞猛进；对于一个青少年而言，时间管理是其成功的重要之源。有效地管理自己的时间，就是要保持高度聚焦，一次只做一件事情，一个时期只有一个重点。聪明人要学会抓住重点，远离琐碎。

时间管理的方法有一个演变的过程。最早的时间管理是利用便条、备忘录和记事本之类的记录来记下工作的重点。第二代的时间管理方法更注重计划性，人们利用安排表、效率手册以至于商务通等电子手段来安排工作事项。在时间管理的第三个阶段，人们设立近期、中期和长期的工作目标，根据不同的目标来分配各自的工作重点，安排工作时间。

现在已经进入了时间管理理论的时代。前几代的时间管理注重完成工作的时间和工作量，而时间管理理论则更注重个人的管理，注重产能，关注完成的工作是否具有有用性。时间的帕金森定理表明，工作会自动地膨胀占满所有可用的时间；0原则表明，应该把最佳的时间用在最重要的事情上，即所谓的“好钢用在刀刃上”。

有效地管理自己的时间，就是要懂得节省时间，与此同时也就是说当好自己的“管家”。人生的每一件事情都与时间有关，青少年若能有效地管理时间，不仅能够提高其学习与生活效率，还能使其在最短的时间内做出更大的成就。

§ 如何有效管理自己的时间

时间对于每个人都是公平的，关键是你自己能不能有效地管理好自己的时间，好好利用自己的时间。在现实生活中，人们能够随处看到浪费时间的例子，譬如：办事拖拉、完美主义办事、不能较好地应付突发事件等，这些事情一而再、再而三地出现。那么，怎样才能高效地管理自己的时间呢?

1. 把重要的事情放在第一位。

爱迪生曾经这样说过："成功的第一要素是能够将你身心与心智的能量锲而不舍地运用在同一个问题上面而不会厌倦的能力……你整天都在做事，不是吗? 对大多数人而言，他们肯定是一直在做一些事情，而我只做一件。假如你们将这些时间运用在一个方向、一个目的上，就会成功。"人的精力是有限的，一次只能做一件事情，一心不能两用。青少年不可能在同一时间段内同时进行两件事情，倘若要保证高效率，必须把最重要的事情放在第一位，在某段时间内专注于一件事情，只有集中精力做好一件事情，才能更好地做别的事情。

2. 把东西分门别类。

卡尔在《华尔街日报》上撰文介绍，一家钟点工服务公司曾对200家大公司职员做过调查，他们发现公司职员每年都要把6周时间浪费在寻找乱放的东西上。这意味着他们每年要损失10%的时间。在现实生活中，有很多青少年总是把时间浪费在找东西上，如果他们能够把东西有条不紊地放置好，则会节省许多时间。

3. 学会说"不"。

对一些青少年而言，或许有时自己原本已安排好了计划，但却经常会临时出现一些变化，正所谓"计划赶不上变化"。然而，青少年不应勉强为别人的事情而浪费时间，不应接手别人想给你的问题或责任。我们虽然要关心别人，但这也不等于说可以随随便便卷入别人的生活。每个人都有自己的计划，我们应该依照自己的计划行事，倘若你的时间与别人的时间客串，而帮别人做一些他自己本可以做的事情，那么，你的时间就会被白白浪费掉。

4. 不要在高峰期挤时间瓶颈。

一位成功人士曾经这样说道："我喜欢在深夜或清晨时开车旅行，因为在深夜或凌晨的时候路上没有车辆。"卡车司机尚能如此，青少年更应该学会"逆势操作"，以避免一窝蜂的高潮。当别人没有做某件事情的时候你去做，譬如：在没有人排队的时候去借书、买饭等，这样可以为自己节省许多时间。

5. 适时休整是为了更好地学习。

磨刀不误砍柴工。时间是弹性的，不要与时间较劲。一个人精力充沛与否不在于其补充了多少，而在于其恢复的速度与效率。一个人不会休息就不会工作。青少年只有学会休整，才能快速恢复体能，全身心地投入战斗。

6. 善于总结。

日本一些企业定期抽调管理人员到寺庙中进行自助式的精神会餐，这些人剃掉长发，静坐寺中，对以前的工作进行反省，时间是一周或半个月，反省结束后，再重返工作岗位。令人吃惊的是，经过这段精神自助的人，其绩效都有很大长进。因此，倘若你过于忙碌于自己的学习而没有时间思考你做的事情，将无法充分利用你的时间，只有在某一段时间内进行反省自己刚刚完成或思考过的事情的价值、方式方法等，才能对自己大有益处。

学习是无限的，时间却是有限的。时间是一笔宝贵的财富，没有时间，即使计划再好，目标再高，能力再强，也是空空而谈。时间是如此宝贵，但它又是具有伸缩性的，它可一瞬即逝，也可发挥最大的效力。时间是一种潜在的资本，只有充分合理地利用每一分每一秒可利用的时间，压缩时间的流程，才能使时间价值最大化体现。

4 勤于思考让你效率倍增

学会思考，勤于思考，是21世纪生存智慧的必备条件之一。在当今的社会，一个人如果懒于思考、不思进取，必将在社会上落伍。学会思考，即学会善于发现生活中存在的各种问题，然后去想解决这些问题的方法和方程式。无数实例证明：只有善于思考问题的人才知道如何解决问题。

§ 勤于思考让人生更有效率

爱因斯坦曾说过：“发现并能使问题得到解决，比只说空话没行动的人有价值得多。”只有会思考，然后发现了问题，继而激发人们去解决这个问题的动力，最后就有可能妥善地解决问题。

19世纪30年代，美国一名著名的画家莫尔斯搭乘“萨丽”号油轮从欧洲返回故乡纽约。一天，吃过晚饭后，杰克逊博士在餐厅里为顾客们表演实验。他在一根光亮铁棒的周围缠绕上一根特别长的铜导线，并且给导线通上电流，只见那只被缠满铜丝的铁棒把另一根横在饭桌上的铁棒一眨眼的工夫便吸引了上来。当时现场的观众无不为之惊奇。莫尔斯边看边思考，忙问：“那个电流每秒钟的速度是多少呀？”杰克逊博士回答说：“对不起，这个我也不知道，但很神速，所以到现在还没有人精确地测量出来。”当天晚上，莫尔斯一个人在甲板上反复地走来走去，他一直在想：“如果电流能马不停蹄地跑10英里，那样的话我就可以让它跑遍全世界，并且用电流的停与断、停的时间的长与短

组合起来，某一组代表一个数字，再由不同的数字代表字母……这样不就能够把消息及时传到远方了吗？”从此以后，他每天都坚持不懈地思考着。甚至把自己的画室变成实验室，无论是白天还是晚上都反复地进行研究和实验，功夫不负有心人，他终于在1837年发明了按动键钮便发出“滴滴、嗒嗒”声响的电报机和以他命名的“莫尔斯电报密码”。莫尔斯的这一项发明使得世界的通信技术跨进了一个新的领域。

事实证明，没有思考便没有发明，更不会取得成功。我们每天都在经历很多不同的事情，这些事情也许跟以前的每一天并没有什么不同的地方，但是我们可以从这些琐碎、每天重复经历的事情中，多多少少有一点收获。

我们对于每天重复做的事情都思考过，深入地分析过吗？也许没有人做过，也许有的青少年会觉得这是很没有意义的一些事情，只是每天必须去做，必须得这样做而已。

我们往往因为事情存在的经常性而忽视了它存在的意义。比如我们每天都在学习，为了学习我们每天都在看书，这个过程年复一年地重复，但是在这重复的过程中，我们每天学习的内容是不同的，在学习时思考问题的方法也是不同的。那么，每天所采用的不同的学习方法，你有没有对比过所产生的不同的效果，有没有将其中效果好的整理下来，系统分析过原因？如果这些你都经过思考了，你要将这些方法记录下来，并有所发展，尽量做得更好。

忧患起于思考，思考启动行动，行动方出成效。作为一名新时代的青少年，只有每天给自己留下思考的空间，才能理性地思考，才能确立积极的目标。

人生同一场竞技，生命就是赛跑。如果把自己每天思维的火花记录下来，包括对各种学习活动的反应，对某个问题的思考过程，解决某一问题的体会、读书、听课。那么这种“记录的思维”会帮助你总结以往的思想，从而使自己对问题有更透彻的认识，能够对下一步的思考提出看法，以便对你的人生路有正确的指导意义。

§ 每天给自己留一些思考的空间

在生活中，我们每天重复着同样的流程，也许有的同学会说，“一件事做久了也会成功的，所以我相信，一辈子如果只抱一个希望，总有一天会实现的！”

其实，每天都是新的，都是不一样的。因为身边的人不一样了，自己的认识不一样了。桌上的台历每撕掉一页都意味着生命中又少了一天。所以，每天都在向自己的天堂迈进，也在向自己的梦想靠近，每天都是需要进步的。

“每天要求自己进步1%”是美国戴明博士在第二次世界大战后向日本松下的松下幸之助、索尼的盛田昭夫、本田的本田中一郎等总裁传授的真经，他的这一句话对这些公司的发展起到了很大的推动作用！“每天进步1%”，简而言之，就是每天思考自己“做对了哪些事情？”“做错了哪些事情？”“哪些地方可以改进，如何改进？”而后自觉在行动中切实改进，不找任何借口来偷懒、推脱。

日本一位著名的发明专家丰泽丰雄，他在每天早上参拜的15分钟内，认真地进行思考。他风趣地说：“我每天用15分钟考虑问题，也正是在这15分钟内，在我的脑海中各种好的方案、好的主意便会相继涌现。”日本的中田藤三郎，因为自身患有痔疮，所以上厕所的时间一般都比较长，他便别出心裁地在厕所里挂上了一个小本子和一支笔，规定自己每天一上厕所就想方案。就这样，他坚持了一年，结果想出了用改小圆珠笔芯容量的方法来解决圆珠笔漏油的问题……

一些发明者的人生之所以轰轰烈烈、辉煌一生，都是勤于思考的结果。许多著名的发明家，就是坚持每天给自己安排一定的时间用来思

考问题的。

我们当中也有一些有志于搞创造发明的，那么就必须保证自己每天有思考问题的时间。即使学业再忙，也要每天都挤出一定的时间去思考和研究问题。大量的事实都证明，如果每天都挤出一点时间，或者利用一些零碎时间思考问题，并且长期坚持下去，脑海中一定也会产生出许多巧妙高明的想法来。

生活是要去学习和体会的，要去努力和思考，也只有这样我们每天才会进步。其实，上天给我们每一个人的东西都是一样的，至少都是有思想和精神的。每天进步一点点，如果我们每天都这样思考，那么在日常生活中被我们认为重复的、机械的、毫无意义的学习过程，就会展现出它每天不同的价值和意义，从而呈现出不同的面貌。我们的学习也就不会再单调，不再重复。因为思考，因为新意，因为每日的进步，所以我们的学习充满了活力，自己也会在这个过程中，变得更加自信，变得更加充实。坚持下去，我们的学习能力及其他能力，都会得到很大的提高。我们的收获就会成螺旋上升的趋势，也因为基础的提高，而使思考更有深度，获得的发展也就更大，从而逐渐成长为一个优秀的学生。

当今社会的发展与时俱进，在现实生活的压力下，每个人都希望自己能有更好的发展空间，中学生当然也不例外。如果你希望自己的梦想成为现实的话，那么请你在日常生活中加强自律，自觉要求自己“每天进步 1 %”，用行动来成就自己的梦想。

生命之舟要扬帆远航，离不开思考的橹。脑子要勤用，才会越用越灵活，青少年如果能抓住思考中的一点灵感，会有意外的收获。

5 珍惜时间，珍惜生命

奥格·曼狄诺指出，时间是一切生命存在的形式之一。生命和时间，紧紧相依连，失去了时间，生命成了虚幻，没有了生命，时间便丧失了意义。时间就是生命，节约时间就是延长寿命。

§珍惜时间，拥有成功

对于时间，不同领域的人有不同的看法。哲学家认为，时间是物质运动持续性存在的方式；企业家认为，时间是金钱；医学家认为，时间就是生命；军事家认为，时间就是胜利；教育家认为，时间就是知识；而科学家也认为，时间就是创造。

古往今来，历史的变迁，人事的兴替，生命的萌动，青春的激情等等，无不是在时间的注视下形成的。可是，自然万物，谁能生活在时间之外，真正拥有永恒呢？

著名作家高尔基说："时间是最公平合理的，它从不多给谁一分。勤劳者能叫时间留下串串果实，懒惰者时间留给他们一头白发，两手空空。"你不能让时间停留，但可以每时每刻都会做些有意义的事。

珍惜时间，勤奋进取是天才必备的品质。纵观古今中外的名人志士，他们无一不是靠自己的勤奋努力，抓紧自己的每一分每一秒而成功的。我国伟大的文学家、思想家、革命家鲁迅先生曾说过："时间，就像海绵里的水，只要愿挤总还是有的。"的确，在日常生活中，可以

“挤”出时间的地方太多了。

英国著名的物理学家法拉第在中年以后，为了节省时间，把整个身心都用在科学创造上，严格控制自己，拒绝参加一切与科学无关的活动，甚至辞去皇家学院主席的职务。发现镭的居里夫人的会客室里从来不放座椅，就是为了不使来访者拖延拜访的时间。

爱因斯坦在76岁时由于操劳过度而病倒了，有位老朋友问他想要什么东西，他说：“我只希望还有若干小时的时间，让我把一些稿子整理好。”

爱迪生是美国的大发明家，他一生都在忘我地工作，成了有2000多项发明的发明大王，在79岁生日时他自豪地宣布：“按常人的工作量计算，我已经135岁了。”

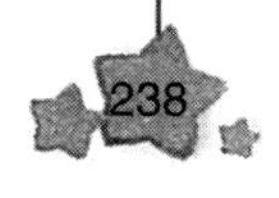

海伦·凯勒告诉我们：每个人都应该像明天就会死那样去生活。一如果把活着的每一天当作生活的最后一天，怀着友善、朝气和渴望去生活，那么，我们最终收获的必将是辉煌的人生。但是，作为一个新时代的中学生，你们更应该将生命中的每一天当作一个新的开始，因为，生命的开始是多么的可贵。

对中学生来说，自然界所赐予的每一天都是新的，都是好日子，因为它包含了重新再来的机会、勇气与希望，每天你们都应用感恩的心来迎接它，使用它，将一日的生活过得丰富而踏实！这也是你们能把握生命中每一天的唯一方法。

§ 珍惜时间，珍惜每一天

时间对于每个人来说都是重要的。勤奋者总感到时间不够用，面对时间紧而有序；懒惰者总感到时间难以消磨，面对时间不知所措。

一天，在医生拥挤的候诊室里，一位老人突然站起来走向值班护士，“小姐”，他彬彬有礼，一本正经地说，“我预约的时间是三点，而现在已经是四点，我不能再等下去了，请给我重新预约改天看病吧！”有人在旁边议论纷纷：“他肯定至少80岁了，他现在还会有什么要紧的事？”那老人转向他们说：“我今年88岁，这就是为什么我不能浪费一分一秒的原因。”

一个88岁的老人，他知道时间对他来说意味着什么，在他身上，人们才能真正地感觉到时间就是生命。你感觉到时间就是生命了吗？你能体会到这句话的意思吗？也许对你来说，有很多很多的时间，你总觉得时间用也用不完。可是，你有过这种情况吗？在睡觉前，你突然想起，第二天的作业忘记做了；在考场上，你发现平时浪费了时间，还没来得及好好复习；和同学约好了在某一时间见面，可是过了约定的时间，你还没有到……

生活中的每个人都是平常人，有一天都将老去，但人们总是把那一天想得极其遥远，把人生视为当然。当青春年少的你们正处于精神活泼、身体健康的状态时，死亡简直是不可想象的。2008年5月12日，14点28分，那是一个刻骨铭心的时刻。难道只有当灾难来临时，只有当生命受到威胁时，你们才能感觉到时间的可贵吗？

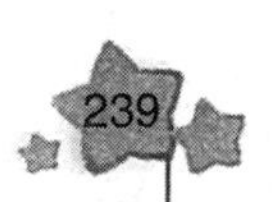

请注意聆听：嘀嗒，嘀嗒……这是唯美的音符，幸福的希冀，欢乐的鸣啼，也是秒针旋转的节拍。嘀嗒，嘀嗒……你，来了；为了迎接你的到来，它欢快旋转起来；你，长大了；每长高一寸，它便会旋转一圈，一圈；平和地，缓缓地；你，读书了；每上完一堂课，你就会偷偷看上它一眼，它还是在旋转；兴奋地，紧张地。其实，每个人的生命就好比一张张面纸，等一一抽取之后，如果自己没有善加利用，即可能会被弃如敝屣。

有的人惜时如金，分秒必争，废寝忘食，努力拼搏。而有的人则整日无所事事，在一场网络游戏、一次嬉戏中打发光阴。在生命中，每个人都可以自由地选择如何处理自己所拥有的每一天，你可以把它消磨在

游戏厅和网吧里，也可以将它花在教室里或运动场上。当然，你也可以将它变得轻如鸿毛，一文不值，或者把它过得多姿多彩、富有意义。对每个人来说最可贵的就是“今”，而最容易丧失的也是“今”。因为它容易丧失，所以更觉得它宝贵。

时间过得很快，犹如黑夜里的流星，瞬间滑过星空。虽然说时间是属于每个人的，但不是每个人都可以拥有它。只有珍惜时间，不浪费一分一秒的人，才能把握好自己的人生。

斯宾塞曾经说过：必须记住我们学习的时间是有限的。时间有限，不只是由于人生短促，更由于人事纷繁。我们应该力求把我们所有的时间用去做最有益的事情。把握好自己的时间，确立正确的时间观念，抓住身边的每一分钟。

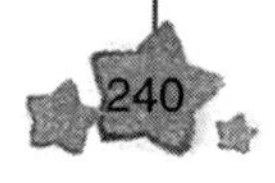

珍惜时间，就是珍惜生命，珍惜时间，就是珍惜生命中的每一天。时间太窄，指缝太宽。一个不小心时间就会从指缝中悄然流逝。我们一定要学会把握生命里的每一分钟。

6 控制自己的时间

比尔·盖茨曾说过这么一句：“我们都拥有足够的时间，只是要好好善加利用。一个人如果不能合理、有效利用时间，则就会被时间所俘虏的，就有可能会成为时间的弱者，而最终的结果只会是一事无成。”也许我们中的很多人都没有比尔·盖茨那样的富有，但是我们的时间却和他一样的多。时间对任何一个人来说都是非常公平的，关键是看你能不能合理并且有效地利用你的时间，控制你的时间。

§ 控制时间，提高效率

一件事情在同样的时间，往往会出现一些人总比另外一些人早一些完成，而且会做得更好的现象。其中最为关键的差别就是在于能够合理、有效地利用时间。会利用时间的人，做事情的效率就高，而且还能够迅速地解决问题。

戴唯是一家顾问公司的业务经理，他在一年当中大约能够接下100个案子，而他大部分的时间都是在飞机上度过的。戴唯认为和客户保持良好的关系是非常的重要，所以他常常会利用飞机上的时间写短签给他们。

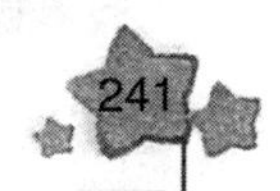

有一次，一位同机的旅客在等候提领行李时与他攀谈起来："我早就在飞机上注意到你，在2小时48分钟里，你一直在写短签，我敢说你的老板一定以你为荣。"

戴唯笑着说："我只是有效利用时间，不想让时间白白浪费而已。"

一名成功者为了减少低效，在工作中往往采用医院的"紧急治疗类选法"来处理问题，即指定一个优先照顾的顺序。病危、但是进行大量的救护工作而生存希望仍是很小的病人，放在最后处理。需要中等救护工作、但存活率高的那组人，最先处理。这看起来似乎有点残忍，但是能够利用有限的资源挽救回更多的生命。

"一寸光阴一寸金"，很多人都能够明白这个道理。但是，大多数人都没有控制时间、高效利用时间的良好习惯和技巧，结果时间还是白白地流逝了。我们每个人都深知时间的重要性，但是又不得不无谓地浪费

掉很多宝贵的时间。那么，真的是像我们想象的那样“没办法”吗？其实不然，最为关键的一点就是我们没有真正掌握控制时间和利用时间的艺术。

一个人如果要想超过别人，在人群里脱颖而出，就必须具有时间观念。认真计划每一天，而且准时地去做每一件事情，这是每个人走向成功的必经之路。如果你没有时间观念，不能有效地利用时间和管理时间，那么，你很难希望自己能做好每件事，更不要谈自己能否取得成功了。

所以说，有效地控制并利用好自己的时间是件极其重要的事情。人只有控制并利用好时间，才能够提高自己做事情的效率。

§ 合理分配时间，就能拥有更多的时间

时间是一个人最宝贵的财富，时间给忽视它的人留下的只能是懊悔与遗憾，给准时做事的人献上的则是众多成功的机会。

对于一个成功人士来说，之所以能够取得成功，就是因为他能够杜绝浪费时间，能有效地运用时间去做自己该做的事。

曾有一位美国的保险人员自创了“一分钟守则”，他要求客户能够给予自己一分钟的时间，来介绍自己的工作服务项目。等到一分钟的时间到了以后，他便会自动地停止自己的话题，并表示出对对方的感谢。因为他遵守自己的“一分钟服务”，所以他在一天时间的经营中，他的付出与自己的业绩刚好成正比。

“一分钟时间到了，我说完了。”信守一分钟，而且他也保住了自己的尊严，同时，别人对自己的兴趣不但没有减少反而会增加。另外，还让对方珍惜他这一分钟的服务。

美国当代趋势专家马克尔曾这样说过：“你观察四周，看看速度是

怎样影响一个人的成败，在最后就能够发现，赢家往往是那些最善利用时间、最讲究效率的人。”

有效利用时间就能够在一定的时间内完成更多的事情。有效地利用时间并不是节约时间。实际上，时间也是没法换留的。因为不管你如何用它，时间总是一样流逝。人们所能做的，只是更有效地运用时间来达到自己的目标。

一个人做事，能够珍惜时间，不错过一分一秒，就能取得一定成就。拿破仑也曾经这样说过，他之所以能击败奥地利军队，正是因为奥地利的军人不懂得“5分钟”时间的价值。一个有时间观念的人，他会准时做事，能够在不浪费自己时间的基础上，也不浪费他人的时间。

作为一个青少年，每天都有很多的学习任务需要去完成，所以时间就显得非常的重要。如果你能合理分配利用时间的话，在最短时间内就能够做完更多的事情。那么，就等于你比别人早起步，比别人拥有更多的时间。

如果你想有一番自己的作为，就应该做到能够利用每一分钟的价值。还要有善于找出隐藏的时间，并加以有效利用，从而让自己做到不浪费生命之中的每一分钟。

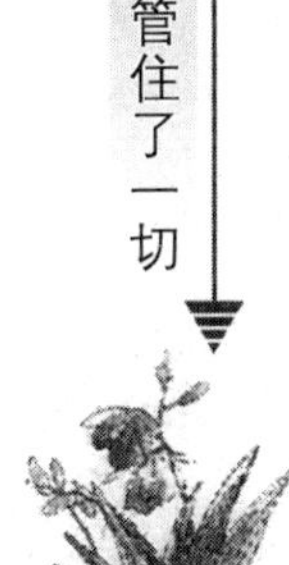

7 时间的大敌——分心

时间是人生中最宝贵的东西，任何人都不能离开时间而生活。特别是青春时期，青少年要在自己的大好年华中，多去利用好自己的宝贵时间，千万不能把时间给浪费了，要做到无论做什么事情都要学会一心一意去做，抵制自己的分心行为。

分心，不利于自己掌握时间。日常生活中，很多的事情经常围绕在人们的周围的。刚被安排了一些事情，结果又有一大堆事情侵扰着自己的学习或是生活。这时，作为青少年的你，就需要保持一颗平静的心，全心全意去做好一件事情，不可以在做一件事情时三心二意。

毛毛是个聪明好学的女孩，她在很小的时候，家里就很重视对她自身的培养。一到周末，接二连三的学习班就困扰着她。

一次，她在家里写作业，突然妈妈说："毛毛，你该去练琴了。"这时，毛毛就把自己的作业放到了琴边，一边看着练习簿练琴，一边想着自己的作业。最后，琴音声把隔壁正在睡觉的邻居给吵醒了，邻居不禁过来说她。但是，毛毛此时的心不知道早已放哪去了，连说她的话都没听到。

毛毛的行为就是比较严重的分心。此时的毛毛正由于心里想得太多，占据着她幼小的心灵，她着急自己的作业何时能写好啊；自己的琴不拉的话，妈妈肯定会骂自己的。这样一来，她内心就充满了紧张感，认为自己要做很多的事情。殊不知自己是浪费了很多的时间，作业没写好，琴也拉得没有任何进步。

分心，有时是不受人的支配的，心理上的过分担心，使得自己刻意去做很多事情，但往往是事实上任何事情都没有做成，反而导致失败。

人的分心，不是自然形成的。受环境与心情的影响很大。有时，自己不去想一些事情，但事情却困扰着自己不得不去想，使得自己做事情出现分心的情况。

§ 抵制分心，规划自己的时间

人生在世，很多事情是需要自己去完成的。时间的占有也是人类生活中必不可少的。在定义时间上，应该把握好时间的定律，掌握时间的节奏，尽心尽力把每一件事情做到极致，做到更完美。这就需要青少年朋友去抵制自己的分心。

《亮剑》中的李云龙，是一个可歌可泣的英雄。他做事相当谨慎入微，不管干什么事情，都全力以赴尽心尽力地去做。

一次，日本特务支队要消灭李云龙所带领的团队，他们用手榴弹把李云龙的家给炸个粉碎，李云龙的妻子也在此过程中死去。但是，李云龙没有因失去妻子而悲愤得失去斗志，他又接受了彭德怀军长下达的命令，带领团队英勇地冲向了进攻敌人的战斗中。

李云龙是人们心中真正的英雄，但是他到底为什么是英雄呢？就是因为他能战胜自己，对事情做到不分心，不浪费自己一分一秒的时间，去全心全意为了人民的解放而战斗。这就是值得我们青少年应该学习的地方。

在学习生活中，不管青少年遇到什么事情，都应该珍惜自己的时间，视时间为生命，收起让自己混乱的思绪，去抵制分心。其实，分心就像生命中的一只小虫，看你怎么战胜它，你若怕它，你就会被分心所击垮。但是，如果你能抵制分心，你就能完全凌驾于其上。

小提示

青少年要时刻管住自己的时间，努力去战胜自己时间上的大敌，去抵制分心。做到不分心，不浪费生命中的每一分钟。努力做时间的主人。抓住时间，创造精彩人生！